本成果受到中国人民大学 2019 年度"中央高校建设世界一流大学（学科）和引导特色发展引导专项资金"支持

流动人口经济行为研究

孙文凯　著

中国财经出版传媒集团

经济科学出版社

Economic Science Press

图书在版编目（CIP）数据

流动人口经济行为研究/孙文凯著 . —北京：
经济科学出版社，2020.8
ISBN 978 - 7 - 5218 - 1606 - 8

Ⅰ.①流… Ⅱ.①孙… Ⅲ.①流动人口 – 经济行为 –
研究 – 中国 Ⅳ.①C924.24

中国版本图书馆 CIP 数据核字（2020）第 091215 号

责任编辑：于 源 方 兰
责任校对：齐 杰
责任印制：李 鹏 范 艳

流动人口经济行为研究

孙文凯 著

经济科学出版社出版、发行 新华书店经销
社址：北京市海淀区阜成路甲 28 号 邮编：100142
总编部电话：010 - 88191217 发行部电话：010 - 88191522
网址：www. esp. com. cn
电子邮箱：esp@ esp. com. cn
天猫网店：经济科学出版社旗舰店
网址：http://jjkxcbs. tmall. com
北京季蜂印刷有限公司印装
710 × 1000 16 开 14 印张 220000 字
2020 年 9 月第 1 版 2020 年 9 月第 1 次印刷
ISBN 978 - 7 - 5218 - 1606 - 8 定价：56.00 元
（图书出现印装问题，本社负责调换。电话：010 - 88191510）
（版权所有 侵权必究 打击盗版 举报热线：010 - 88191661
QQ：2242791300 营销中心电话：010 - 88191537
电子邮箱：dbts@ esp. com. cn）

前　言

　　中国的流动人口由于数量大、收入低、难以完全融入城市社会而受到各界关注。流动人口包括城乡间、城城间及乡乡间流动三类群体，其中城乡间流动占到近80%，而城城流动人群也在快速增长，不容忽视。从农村流入城市且没有当地户口的人口被称为农民工，是当前政策和学术界关注焦点。在政府部门，有专门针对农民工或流动人口的调查，近年还出台了各种针对流动人口的政策。在学术界，包括本书作者在内的大量学者从各个维度研究了流动人口经济行为、社会融入等。由于现有研究以分散的学术论文形式为主，相关集成的专著较少，笔者将近年针对流动人口经济行为特征及动因的研究进行总结提炼成书。

　　本书内容涵盖了流动人口就业变动、收入及收入分配状况、消费状况、过度劳动问题、生育行为几个方面。本书采用的视角包括技术替代、社会融合、户籍变动等，采用的方法包括随机实验、工具变量、面板数据分析等，力争能够做到问题重要、方法科学和视角全面。

　　由于流动人口经济行为涉及社会生活的方方面面，本书不能覆盖所有方面。并且，由于时间和水平限制，本书内容难免存在瑕疵。希望本书能够对研究流动人口话题的学者提供帮助，并且希望读者能够对本书提出宝贵意见。

孙文凯

2019 年 12 月

目　录

第 1 章　流动人口就业结构变动分析 ················ 1

　1.1　引言 ················ 1

　1.2　就业岗位历年分布变动情况 ················ 3

　1.3　按照五分类法的就业岗位的变动 ················ 6

　1.4　流动人口就业结构分解分析 ················ 15

　1.5　流动人口就业脆弱性：替代率估算 ················ 25

　1.6　总结 ················ 28

第 2 章　流动人口过度劳动问题分析 ················ 29

　2.1　引言 ················ 29

　2.2　文献综述 ················ 30

　2.3　数据和模型 ················ 32

　2.4　统计结果 ················ 36

　2.5　总结讨论 ················ 44

第 3 章　流动人口补偿性收入问题分析 ················ 46

　3.1　引言 ················ 46

　3.2　研究假说 ················ 49

　3.3　数据描述与初步证据 ················ 50

　3.4　实证分析 ················ 54

　3.5　总结 ················ 64

第4章 流动人口收入分配问题分析 ·········· 66

4.1 引言 ··· 66

4.2 流动人口内部收入差距有扩大趋势 ········· 68

4.3 流动人口内部收入不平等状况 ············· 72

4.4 流动人口收入极化程度的增长趋势 ········· 73

4.5 流动人口收入不平等及极化变动趋势背后动因分析 ·· 79

4.6 流动人口收入在整体居民中的分布 ········· 83

4.7 流动人口与城乡居民收入差距 ············· 86

4.8 流动人口收入极化、城镇居民收入极化趋势对比 ·· 88

4.9 流动人口流动有助于缩小城乡收入差距 ····· 90

4.10 总结 ··· 92

第5章 流动人口消费问题分析

——身份认同视角的实证分析 ··········· 93

5.1 引言 ··· 93

5.2 简要文献综述及本章理论逻辑 ············· 95

5.3 数据与计量模型 ························· 97

5.4 实证分析结果 ······················· 103

5.5 结论和政策含义 ····················· 111

第6章 流动人口消费问题分析

——一个实验研究 ··················· 113

6.1 引言 ··· 113

6.2 文献综述 ······························· 115

6.3 实验设计、数据描述和分析方法 ········· 118

6.4 实验结果描述及统计分析结果 ··········· 121

6.5 结论及建议 ························· 127

附录：调查问卷 ························· 128

第 7 章 流动人口消费问题分析
　　——户籍变动视角 ……………………………………………… 136
7.1 引言 ……………………………………………………… 136
7.2 文献回顾 ………………………………………………… 138
7.3 数据描述与研究方法 …………………………………… 141
7.4 实证结果 ………………………………………………… 151
7.5 稳健性讨论 ……………………………………………… 157
7.6 机制讨论及长期效应 …………………………………… 161
7.7 简要总结及政策含义 …………………………………… 168
　　附录：CFPS 消费数据和收入数据的处理 ……………… 169

第 8 章 流动人口生育问题分析 ……………………………… 178
8.1 引言 ……………………………………………………… 178
8.2 文献简要述评 …………………………………………… 179
8.3 数据与变量描述分析 …………………………………… 183
8.4 计量实证分析 …………………………………………… 187
8.5 结论与政策建议 ………………………………………… 194

参考文献 ……………………………………………………… 197

第1章
流动人口就业结构变动分析

1.1 引 言

以往人们对于劳动力市场的研究主要集中于失业、劳动参与或者是行业分布，而较少关于职业情况。不同行业中存在着相似的职业岗位。根据职业岗位对教育程度、技能水平要求并进而导致的工薪报酬的不同，大致上可以分成高技术职业、中等技术职业和低技术职业，并分别对应高、中和低收入的就业人口。因此其实职业结构问题背后涉及的是收入阶级演化和收入分配的问题。从 2000 年以后，以大卫·奥托（David Autor）为代表的美国学者开始关注美国在 1980 年以后中等技术职业的就业份额不断收缩的现象，从这些岗位转业的劳动者按照其受教育程度的高低进入高技能职业或低技能职业，甚至是面临失业的困境，并加剧了美国中产阶级萎缩（hollowed-out middle class）和收入阶层分化的趋势。这在学界被称为劳动力市场极化（labor market polarization）现象。

对劳动力市场极化现象的研究建立在对职业分类的基础上。学界根据两个维度，将职业岗位做以下区分：按照阿西莫格鲁和奥托（Acemoglu and Autor，2011）等研究，根据工作任务内容可将职业分为重复性/常规性（routine）和非重复性/非常规性（non-routine）职业。

重复性工作职业包含的工作任务通常能够或者需要在系统化的指令或指引下按部就班地完成，工作相似度比较高。例如，簿记、文书、行政工作人员，流水线上从事重复性生产任务的工人等，以前者为代表的职业被归类为脑力重复性（routine cognitive，RC）职业，而以后者为代表的职业则被归类为体力重复性（routine manual，RM）职业。重复性职业的从业者需要有一定的文化或技能水平，以便学习和掌握完成工作的技术和方法，但同时却不要求有过高的专业知识水平，而是通过重复劳动达到熟能生巧的程度，因而这类职业也就是中等技术职业。而另外一类"非重复性/非常规性"职业则要求从业者解决非常规性的问题。这类脑力工作需要创造力、解决难题能力以及人际交往互动能力，如律师、科学家、管理者等从事专业技术活动的岗位角色，它们被归类为脑力非重复性（non-routine cognitive，NRC）职业，对应着高技术职业。同时一些体力劳动也要求满足随机应变、环境适应、视觉与言语认知、亲身交互等能力或条件，比如门卫、清洁工、家庭健康护理、美容师助理、建筑工、安保人员、机动车驾驶员等服务、交通、建筑行业的岗位，它们被归类为体力非重复性（non-routine manual，NRM）职业。大部分此类职业甚至不要求从业者具有较高的文化或技能水平，因而也主要对应着低技术职业。

在"重复性"维度上的界定标准区分了这两类职业在面对技术进步时的不同反应。重复性工作职业的核心任务需要遵循准确系统化的步骤指令进行，因而随着计算机信息技术的发展，它们更容易，也越来越多地被编入计算机程序中通过机器来执行。同时，随着经济全球化程度的不断加深，它们也更容易被外包到劳动力更廉价的地方去进行。这是在发达经济体中重复性工作职业不断被替代、就业份额不断萎缩的两个最主要的原因（Daron Acemoglu 1999；Autor, Frank Levy, and Richard J. Murnane 2003；Autor, Lawrence F. Katz, and Melissa S. Kearney 2006；Autor and Dorn 2009）。而在完成非重复性工作这种抽象性的任务上，人力天然比机器和技术有优势，因而相对来说更不容易被替代。

近年来，国内外的学者具体分析了不同地区劳动力市场极化的原因。富特和瑞安（Foote and Ryan, 2015）指出与重复性工作就业的波动相关的两个重要事实，一是投资的波动性是中等技术就业大幅波动的一个关键原因，二是失业的中等技术就业人员很少寻找高技能或低技能的工作。茅、徐和邹（Mao, Xu and Zou, 2018）分析跨国面板数据发现劳动力的老龄化可能导致服务业相对规模的增加。厄施（Oesch, 2015）分析了福利制度对英国、丹麦和德国就业结构变动的影响。曼德尔曼和兹拉特

（Mandelman and Zlate，2017）指出离岸外包和低技能移民对不同技能水平的本地工人产生了不对称的影响，但总体上改善了美国经济中的总体福利。默菲和厄施（Murphy and Oesch，2018）分析了 1970～2010 年爱尔兰和瑞士的职业结构变化发现劳动力市场分化受到劳动力供给，特别是教育和移民制度的影响。

在我国，虽然对整体劳动力市场有一些研究，但针对流动人口的就业结构变动分析还极少。改革开放以来，流动人口作为一个日益壮大的社会群体受到越来越多的关注。流动人口的规模、结构、流向和各种特征的变化是我国经济社会发展大趋势的一个缩影。城市化、行业兴衰、教育普及、技术进步等等各种经济社会变迁的驱动因素，无不在流动人口群体上烙下印记。因此，研究流动人口就业及其结构变化，可以更为深刻地理解我国城市和乡村、经济与社会的变迁和走向，为相关政策的制定提供切实的依据。本章使用 2011～2017 年流动人口动态监测调查数据，分析流动人口就业岗位及按五分类法的就业岗位的变化，并对流动人口就业结构进行分解分析，最后计算流动人口的就业替代率。

1.2　就业岗位历年分布变动情况

本章将 2011～2017 年流动人口动态监测调查数据中的职业类型统一合并为 15 个类别，并计算出流动人口职业分布情况的变化趋势。

如表 1－1 所示，超过 20% 的流动人口从事商贩和经商，在 7 年内始终明显高于其他职业。其次为餐饮业，再次是负责人/管理者，但该比例在 2017 年有所下降。从事快递和家政的农民工比例则相对较低。值得关注的是专业技术人员占比有所增长，2017 年已经占到 10.12%。不工作人群占比相对比较稳定。

表 1－1　　　　　分年份的流动人口职业分布状况　　　　　单位：%

职业	2011 年	2012 年	2013 年	2014 年	2015 年	2016 年	2017 年
国家机关、党群组织、企事业单位负责人、管理者	9.66	13.49	12.08	11.99	9.84	11.30	7.70

续表

职业	2011 年	2012 年	2013 年	2014 年	2015 年	2016 年	2017 年
专业技术人员	8.30	7.39	6.41	7.82	7.88	8.85	10.12
公务员、办事人员和有关人员	3.53	1.81	1.42	2.01	2.38	2.64	2.09
商贩、经商	23.00	20.31	24.62	23.45	22.81	21.75	25.88
餐饮	10.94	11.02	12.11	12.09	10.58	10.83	9.99
家政	0.50	0.59	0.57	0.55	0.42	0.51	0.55
保洁	1.40	1.62	1.51	1.44	1.58	1.46	1.74
保安	0.94	1.11	1.25	1.41	1.29	0.98	1.39
装修	2.97	3.22	3.75	4.10	3.16	3.27	3.29
快递	0.00	0.00	0.00	0.00	0.00	0.73	0.84
农、林、牧、渔、水利业生产人员	0.98	0.88	1.34	1.77	1.12	1.30	0.99
生产	6.77	8.72	8.80	8.06	8.40	6.50	6.66
运输	3.04	2.92	2.72	2.97	2.44	2.55	2.37
建筑	5.00	4.85	4.99	4.66	3.85	4.09	3.75
其他生产、运输设备操作人员及有关人员	4.53	3.12	3.71	3.62	4.15	3.11	3.56
不工作	18.44	18.94	14.72	14.08	20.11	20.14	19.07

资料来源：表中数据根据中国流动人口动态监测调查数据计算得到。

将流动人口根据户籍进一步细分为农村户籍流动人口和城镇户籍流动人口，城镇户籍流动人口约占总流动人口的 14% 。从表 1 - 2 和表 1 - 3 中可以看出，两者的职业分布状况有明显的区别。

表 1 - 2　　　　　分年份的农村流动人口职业分布状况　　　　单位：%

职业	2011 年	2012 年	2013 年	2014 年	2015 年	2016 年	2017 年
国家机关、党群组织、企事业单位负责人、管理者	9.13	13.14	11.55	11.49	9.43	10.96	6.90
专业技术人员	6.38	5.02	4.54	5.53	5.62	6.30	7.31
公务员、办事人员和有关人员	2.21	0.74	0.64	0.94	1.30	1.32	1.09

续表

职业	2011 年	2012 年	2013 年	2014 年	2015 年	2016 年	2017 年
商贩、经商	24.37	21.48	25.75	24.73	24.27	23.61	28.24
餐饮	11.63	11.69	12.84	12.90	11.37	11.83	10.65
家政	0.51	0.62	0.57	0.56	0.42	0.53	0.55
保洁	1.55	1.80	1.63	1.56	1.69	1.60	1.93
保安	0.95	1.11	1.27	1.38	1.23	0.99	1.44
装修	3.34	3.58	4.08	4.50	3.48	3.63	3.71
快递	0.00	0.00	0.00	0.00	0.00	0.72	0.82
农、林、牧、渔、水利业生产人员	1.06	0.98	1.46	1.99	1.30	1.42	1.12
生产	7.45	9.45	9.41	8.73	9.20	7.12	7.21
运输	3.17	3.06	2.77	3.07	2.50	2.66	2.47
建筑	5.51	5.35	5.29	5.04	4.16	4.37	3.98
其他生产、运输设备操作人员及有关人员	4.65	3.09	3.78	3.63	4.18	3.14	3.61
不工作	18.08	18.89	14.42	13.96	19.85	19.79	18.97

资料来源：表中数据根据中国流动人口动态监测数据计算得到。

表 1 - 3　　　　　　分年份的城镇流动人口职业分布状况　　　　单位：%

职业	2011 年	2012 年	2013 年	2014 年	2015 年	2016 年	2017 年
国家机关、党群组织、企事业单位负责人、管理者	11.96	14.97	14.63	14.35	11.84	12.74	10.78
专业技术人员	16.66	17.53	15.34	17.73	18.09	19.36	21.19
公务员、办事人员和有关人员	9.32	6.39	5.17	6.69	7.12	8.07	6.04
商贩、经商	16.99	15.33	19.25	17.78	15.84	13.74	16.42
餐饮	7.93	8.11	8.68	8.65	7.13	6.86	7.11
家政	0.45	0.48	0.55	0.48	0.42	0.44	0.61
保洁	0.73	0.87	0.94	0.92	1.12	0.83	1.02
保安	0.90	1.15	1.16	1.49	1.55	0.98	1.42
装修	1.36	1.66	2.18	2.39	1.69	1.80	1.76

职业	2011 年	2012 年	2013 年	2014 年	2015 年	2016 年	2017 年
快递	0.00	0.00	0.00	0.00	0.00	0.81	0.87
农、林、牧、渔、水利业生产人员	0.63	0.48	0.74	0.88	0.39	0.76	0.63
生产	3.79	5.63	5.83	4.94	4.52	3.76	3.94
运输	2.45	2.29	2.46	2.59	2.14	2.15	1.98
建筑	2.79	2.70	3.56	2.97	2.47	2.90	2.94
其他生产、运输设备操作人员及有关人员	4.02	3.25	3.37	3.47	3.80	3.01	3.17
不工作	20.01	19.16	16.14	14.67	21.88	21.79	20.13

资料来源：表中数据根据中国流动人口动态监测数据计算得到。

从就业类别看，两类流动人口中从事商贩和经商、餐饮、负责人/管理者、专业技术人员、公务员等职业的人口较多。其中，农村户籍流动人口从事商贩和经商的比例始终最高，在 2017 年达到 28.24%；其次是餐饮业，占比约为 11%；负责人/管理者的比例约为 10%，在 2017 年下降至6.9%。而城镇户籍流动人口中从事专业技术人员的比例最高，2017 年达到 21.19%；其次是商贩和经商，在 16% 上下浮动；最后是负责人/管理者，在 12% 上下浮动。

从趋势看，专业技术人员占比有逐年上升的趋势，且在城镇户籍流动人口中表现得更为显著。

总体而言，城镇户籍流动人口中从事专业技术人员、公务员的比例远高于农村户籍流动人口，从事商贩和经商、餐饮、生产的人口比例明显低于农村户籍流动人口。城镇户籍流动人口中不工作人群的比例也略高于农村户籍流动人口。

1.3　按照五分类法的就业岗位的变动

为了更精练地描述就业结构并反映农民工就业的技术特点，我们按照科特斯、贾莫维奇和内卡达（Cortes, Jaimovich and Nekarda, 2014）的分类方式将就业状态分为五个类型：常规操作性工作、常规知识性工作、非常规操作性工作、非常规知识性工作和非就业状态。前四类工作的分类原则是岗位可被自动化替代的程度以及体力/脑力投入程度，常规性工作比较容易被替代，具体分类如表 1 - 4 所示。

表 1 - 4　　　　　　　　　　　　　职业分类

职业分类	流动人口动态监测调查职业类别
非常规知识性工作	国家机关、党群组织、企事业单位负责人；专业技术人员
非常规操作性工作	服务业从业者（餐饮、家政、保洁、保安）
常规知识性工作	经商、商贩；公务员、办事人员和有关人员
常规操作性工作	装修；快递；农、林、牧、渔、水利业生产人员；生产；运输；建筑；其他生产、运输设备操作人员及有关人员

注：由于流动人口监测数据中其他商业、服务业人员被划为同一类别，无法区分，故将其连同无固定职业者以及其他定义为缺失。

1.3.1　流动人口中，常规性就业占比较高，且常规知识性工作占比增长明显

表 1 - 5 和图 1 - 1 展示了流动人口在各职业分类中的分布变动情况。总体而言，2011 ~ 2017 年，按照四分类法归类的农业流动人口就业结构比较平稳，各就业状态占比均没有大幅波动。常规性就业是流动人口的主要选择，占比维持在 49% 左右；非常规性就业占比在 33% 上下，远低于常规性就业；不工作平均约为 18%，只在 2013 年和 2014 年有过短暂的下降。

表 1 - 5　　　　　　　　　　流动人口就业结构变动　　　　　　　　单位：%

就业结构	2011 年	2012 年	2013 年	2014 年	2015 年	2016 年	2017 年
常规性	49.82	45.84	51.35	50.62	48.30	45.93	49.44
常规操作性	23.29	23.72	25.31	25.16	23.11	21.54	21.47
常规知识性	26.53	22.12	26.04	25.46	25.19	24.39	27.97
非常规性	31.74	35.22	33.93	35.30	31.59	33.93	31.49

续表

就业结构	2011 年	2012 年	2013 年	2014 年	2015 年	2016 年	2017 年
非常规操作性	13.78	14.34	15.44	15.49	13.87	13.78	13.67
非常规知识性	17.96	20.88	18.49	19.81	17.72	20.15	17.82
不工作	18.44	18.94	14.72	14.08	20.11	20.14	19.07

资料来源：表中数据根据中国流动人口动态监测调查数据计算得到。

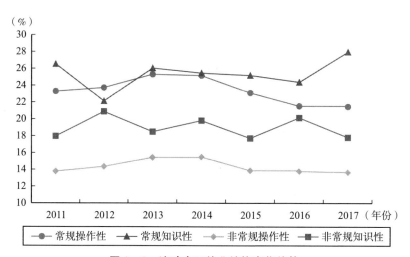

图 1-1 流动人口就业结构变化趋势

在常规工作中，操作性工作就业占比经历了先升后降的过程，2011 年从事相关职业的流动人口超过 23%，2017 年该比例已经降至 21.47%；与此同时，知识性工作就业占比在波动中有所上升，从 2011 年的 26.53% 增长到了 2017 年的 27.97%。并且除 2012 年外，常规知识性工作一直是流动人口中就业占比最高就业类型。

非常规工作占比在 31%~35% 之间浮动。其中，从事操作性工作的流动人口占比近三年来稳定在 13.8% 左右，处于四类就业占比中的最低水平；知识性就业占比高于操作性就业，但波动较为明显。

此外，整体而言，流动人口中从事知识性工作的占比更高，平均为 44%，近三年有上升趋势；从事操作性工作的占比较前者更低，为 37%，且有下降趋势。

1.3.2　农村户籍流动人口常规性就业占比较高，城镇户籍流动人口非常规知识性就业占比最高

从表 1－6、图 1－2、表 1－7、图 1－3 可以看出，农村户籍流动人口与城镇户籍流动人口的就业结构分布差异明显。农村户籍流动人口中常规性就业占比较高，维持在 50％左右，非常规性就业占比在 30％左右，不工作占比平均为 19％左右。而在城镇户籍流动人口中，常规性就业与非常规性就业占比相似，约为 40％；不工作基本维持在大约 20％。

表 1－6　　　　　　　　农村户籍流动人口就业结构变化　　　　　　单位：%

就业结构	2011 年	2012 年	2013 年	2014 年	2015 年	2016 年	2017 年
常规性	51.77	47.74	53.18	52.63	50.39	48.00	52.25
常规操作性	25.19	25.51	26.79	26.96	24.82	23.06	22.92
常规知识性	26.58	22.23	26.39	25.67	25.57	24.94	29.33
非常规性	30.14	33.38	32.40	33.41	29.76	32.21	28.78
非常规操作性	14.63	15.22	16.32	16.40	14.71	14.95	14.57
非常规知识性	15.51	18.16	16.08	17.01	15.05	17.26	14.21
不工作	18.08	18.89	14.42	13.96	19.85	19.79	18.97

资料来源：表中数据根据中国流动人口动态监测调查数据计算得到。

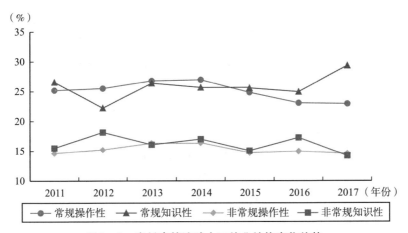

图 1－2　农村户籍流动人口就业结构变化趋势

表1-7　　　　　　　　城镇户籍流动人口就业结构变动　　　　　单位：%

就业结构	2011年	2012年	2013年	2014年	2015年	2016年	2017年
常规性	41.35	39.47	44.34	41.71	39.91	38.27	37.74
常规操作性	15.04	19.16	21.42	17.24	17.74	16.89	15.28
常规知识性	26.31	20.31	22.92	24.47	22.17	21.38	22.46
非常规性	38.64	41.70	40.01	43.61	38.88	40.10	42.14
非常规操作性	10.02	10.05	10.77	11.54	9.87	9.01	10.16
非常规知识性	28.62	31.65	29.24	32.07	29.01	31.09	31.98
不工作	20.01	18.82	15.64	14.67	21.20	21.63	20.14

资料来源：表中数据根据中国流动人口动态监测调查数据计算得到。

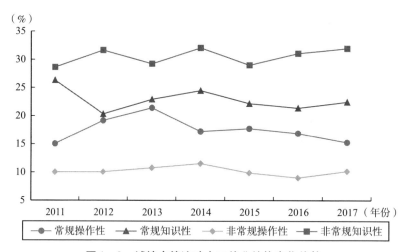

图1-3　城镇户籍流动人口就业结构变化趋势

从就业结构变动趋势上看，如表1-7所示，城镇户籍流动人口在常规性工作的占比有下降趋势而非常规性工作占比有上升趋势；而表1-6显示农村户籍流动人口在常规性工作的占比有上升趋势而非常规性工作占比有下降趋势，两者正好相反。从2016年开始，拥有城镇户口的流动人口在非常规就业占比已经超过常规性就业。

从具体就业类型上看，2015年之前（2011年除外），农村户籍流动人口的常规操作性工作一直是四种就业类型中占比最高的就业类型，而从

2015 年开始，常规知识性工作占比超过了常规操作性工作占比，并在之后的两年里拉大了与常规操作性工作的差距。所以，过去 7 年内常规性工作内部最主要的变动是知识性工作对操作性工作的替代。非常规工作占比总体上有下降趋势。此外，在农村户籍流动人口中，从事非常规操作性工作的占比在 15% 上下浮动，处于四类就业占比中的最低水平（2013 年和 2017 年除外）；非常规知识性就业占比总体而言比前者略高，但波动较大。

城镇户籍流动人口在两类常规性就业中占比均有所下降，较难替代的非常规知识性工作占比增加，非常规操作性工作占比也稍有增长。在城镇户籍的流动人口中，知识性就业占比超过 50%，其中从事非常规知识性工作的人口占比在 30% 上下浮动，在四种就业类型中占比最高。操作性就业占比约为 28%，从事非常规操作性工作的城市户籍流动人口占比在 10% 上下浮动，处于四类就业占比中的最低水平。

总体而言，农村户籍流动人口的两种常规性就业和非常规操作性就业占比均高于城镇户籍流动人口；城镇户籍流动人口知识性就业占比高于农村户籍流动人口，这主要是由城镇户籍流动人口非常规知识性就业占比高导致的。

1.3.3　城镇常住人口知识性就业占比较低，不工作占比较高

城镇常住人口的就业结构与流动人口有一定差异。如表 1 - 8 和图 1 - 4 所示，在 2013 年以前，城镇常住人口常规性就业与非常规就业占比相差不大，约为 35%，2015 年常规性就业比例突然下降至 28%。整体而言，常住人口在常规性工作的占比有下降趋势而非常规性工作占比有上升趋势，这与城镇户籍流动人口较为相似。同时，常住人口中不工作的占比高于流动人口，超过 30%，在 2015 年达到 36%。

在常规工作中，操作性工作就业占比超过 20%，并且经历了先升后降的过程，从 2010 年的 23.79% 下降至 2015 年的 20.55%；同时，知识性工作就业占比先降后升，从 2010 年的 10.03% 下降至 2017 年的 7.43%。因此，在 2011 ~ 2015 年常规性工作内部可能也存在知识性工作对操作性工作的替代。同时，与流动人口不同，常规操作性工作一直是常住人口中就

业占比最高就业类型，但是在 2015 年，常规知识性工作与排在第二位的非常规知识性工作占比已经非常接近。常规知识性工作在四种就业类型中占比一直最低，且有下降的趋势。

非常规工作中，从事操作性工作的流动人口占比在15%上下浮动；知识性就业占比高于操作性就业，且经历了一个先升后降的过程。

此外，与流动人口不同，在常住人口中从事知识性工作的人占比较低约为29%，从事操作性工作的人占比约为39%。

表 1-8		城镇常住人口就业结构变动			单位：%
就业结构	2010 年	2011 年	2012 年	2013 年	2015 年
常规性	33.82	31.96	32.76	34.28	27.98
常规操作性	23.79	26.83	27.10	25.81	20.55
常规知识性	10.03	5.13	5.66	8.47	7.43
非常规性	32.86	37.00	36.81	35.54	36.03
非常规操作性	13.99	14.47	13.02	13.89	15.74
非常规知识性	18.87	22.53	23.79	21.65	20.29
不工作	33.33	31.04	30.43	30.17	35.98

资料来源：表中数据根据中国综合社会调查（CGSS）数据计算得到。

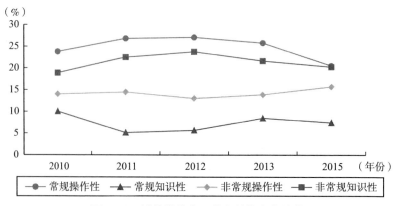

图 1-4　城镇常住人口就业结构变化趋势

1.3.4　三类人口的就业结构有明显差异

剔除不工作人口的影响后，再来比较农村户籍流动人口、城镇户籍流动人口和城镇常住人口的就业结构，可发现明显差异。如图 1-5 所示，农村户籍流动人口常规就业占比较大，城镇户籍流动人口知识性就业占比较大、非常规操作性工作占比很小，城镇常住人口常规操作性和非常规性就业占比较大、常规知识性操作占比很小。

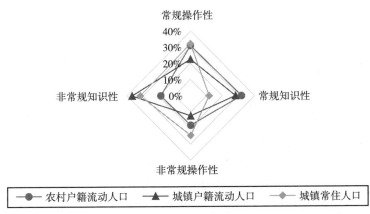

图 1-5　2015 年三类人口就业结构的差异

这一结果可能与性别、年龄和教育水平相关。性别方面，表 1-9 显示流动人口男性的性别比略高于城镇常住人口。孙文凯（2018）指出，男性在常规操作性工作的占比逐年升高，到 2015 年已经达到 66.5%，而其他就业分类中男性与女性比例基本一致。

年龄方面的差异较为明显。农村户籍流动人口、城镇户籍流动人口与城镇常住人口中 18~29 岁人群的占比逐渐降低，50~59 岁人群的占比逐年下降，城镇常住人口的较前两者的涨幅更加明显，超过 10%。这可能与城镇常住人口中的年轻人受教育年限更长相关，同时常住人口中 50~59 岁人群进入离退休状态相对更晚。

表 1－9　　　　　　　2015 年三类人口中就业人群的构成差异　　　　单位：%

人口组别		农村户籍流动人口	城镇户籍流动人口	城镇常住人口
性别	男	57.28	56.91	53.42
	女	42.72	43.09	46.58
年龄	18～29 岁	36.81	33.65	19.21
	30～49 岁	57.44	60.02	60.77
	50～59 岁	5.75	6.34	20.02
教育程度	小学及以下	13.44	2.54	13.02
	初中	53.64	22.70	26.49
	高中	23.40	28.61	25.60
	大学及以上	9.51	46.15	34.88

注：表中数据根据国家统计局 2015 年普查数据计算得到。

　　教育水平方面，农村户籍流动人口的学历水平较低，初中以下占比高达 67%；城镇户籍流动人口中，受过高等教育比例的人群占比最高，达到 46.15%，而且学历为小学及以下的占比最小，仅为 2.54%；城镇常住人口的低学历者和高学历者都比较高，其中学历为小学及以下的人群占比 13%，与农村户籍流动人口相近，学历为大学及以上的人群占比 34.88%。这表明高学历城镇户籍人口有小城市流动到大城市的趋势。不同学历人群从事的工作类型存在很大差别，根据国家统计局 2015 年普查数据计算，2015 年小学及以下学历者从事常规操作性工作的占比接近 50%，而大学及以上占比只有 10%；常规知识性就业占比则随学历上升而递增，2015 年小学及以下学历此类就业占比只有 9%，而大学及以上占比高达 27.2%；非常规就业占比也显示出随学历上升而递增的趋势。教育水平的差异很好地解释了三类人口就业结构的差异，农村户籍流动人口和城镇常住人口的低学历者较高，导致常规操作性就业占比也较高；城镇户籍流动人口和城镇常住人口中的高学历者占比较高，导致两类人口中非常规知识性的占比也较为突出。

　　同样根据 2015 年国家统计局普查数据计算可知，三类人口中不工作的人群比例也有明显差异。如表 1－10 所示，城镇常住人口中不工作人群占比超过 1/3，主要是由于料理家务（30.63%）、离退休（28.17%）以及年轻人在校学习（10.98%）所致。流动人口内部不工作的比例和原因差异较小，超过 50% 的流动人口由于怀孕或哺乳、料理家务或带孩子不工作，另外还有 10% 左右由于身体原因未工作。值得注意的是，流动人口中离退休的比例非常小，农村户籍流动人口为 0.34%，城镇户籍流动人口为 5.5%。

表 1－10　　　　　　2015 年不工作人口占各人口组别比例　　　　　　单位：%

人口组别		农村户籍流动人口	城镇户籍流动人口	城镇常住人口
性别	男	7.82	9.22	22.46
	女	24.95	25.48	42.28
年龄	18～29 岁	19.02	18.02	27.27
	30～49 岁	13.36	13.41	38.48
	50～59 岁	21.16	37.64	20.63
教育程度	小学及以下	21.80	31.59	52.12
	初中	15.27	20.17	43.23
	高中	14.45	18.18	36.71
	大学及以上	14.91	13.58	36.56
总计		19.85	21.20	35.98

注：表中数据根据国家统计局 2015 年普查数据计算得到。

1.4　流动人口就业结构分解分析

为了进一步考察这些职业变动的内部特征，本书采用将职业就业占比按照不同特征的人口组别进行分解的方法。通过分析不同群体的职业结构变动特征来考察整体职业结构变动的直接原因。此处分解的方法参考了科特斯、贾莫维奇和西乌（Cortes, Jaimovich and Siu, 2016）。

就业结构的变动有各种原因，我们将变动原因分为两大类：由于人口结构变动和由于岗位需求变动，前者反映劳动力供给变动，后者能够反映技术进步等因素对劳动力需求影响变动。在人口结构方面，过去十几年我国最显著的人口结构变动来自四个方面：教育扩张带来的高教育人群比例增大、老龄化加剧使得劳动者平均年龄提高、性别比例失衡以及城市化过程中的大量农村人口进城。由于我们分析的就业结构是在城镇地区，因此城市化过程已经纳入各年城镇人口结构变化过程中。其他三个因素是最主要的供给方面的人口结构变动因素，也是最新研究关注的要点，比如科特斯等（Cortes et al.，2017）主要从年龄、教育、性别三个视角分析美国就业结构变动成因，奥托和多恩（Autor and Dorn，2009）主要从年龄和教育两个方面分析就业和收入变动。我们的计算思路如下：

首先，将人群按照三个主要人口维度分类：教育（四个等级：小学及以下、初中、高中及专科、大学及以上）、性别（男、女）、年龄段（三个等级：18~29岁、30~49岁、50~59岁），这样将总劳动年龄人口分为了24个群体。然后，按照上述五种工作状态类别，我们计算每类人口在每类工作状态中比重。最后，计算每类工作状态人群比重的变动状况及分解变动来源。

用公式表达，就业状态 j 的劳动人口份额为：

$$\bar{\pi}_t^j = \sum_g w_{gt} \pi_{gt}^j \tag{1-1}$$

其中，$\bar{\pi}_t^j$ 代表时间 t 就业状态 j 的劳动人口份额，w_{gt} 是 g 组人口在时间 t 占总劳动人口比重，π_{gt}^j 是 g 组人口在时间 t 在就业状态 j 的份额。这样，两个时期就业状态 j 的劳动人口份额变化可以表示为：

$$\begin{aligned}
\bar{\pi}_1^j - \bar{\pi}_0^j &= \sum_g w_{g1} \pi_{g1}^j - \sum_g w_{g1} \pi_{g0}^j \\
&= \sum_g \Delta w_{g1} \pi_{g0}^j - \sum_g w_{g0} \Delta \pi_{g1}^j + \sum_g \Delta w_{g1} \Delta \pi_{g1}^j
\end{aligned} \tag{1-2}$$

其中，$\sum_g \Delta w_{g1} \pi_{g0}^j$ 反映了由于人口份额变动导致的就业状态 j 占总劳动份额变动，称为结构效应（composition effect）；$\sum_g w_{g0} \Delta \pi_{g1}^j$ 反映了由于每类人口在就业状态 j 的就业比重变动造成的总就业状态 j 比重变动，称为倾向效应（propensity effect）；剩余的部分 $\sum_g \Delta w_{g1} \Delta \pi_{g1}^j$ 称为交叉效应（interaction effect）。结构效应和倾向效应是劳动人口份额变动的两个主要解释，倾向效应可以看作劳动需求结构变动，而结构效应是供给结构变动。通过上述过程的估计，我们可以看到在技术进步过程中，不同类型就业状态份额变化及原因。这些数据有利于认识过去技术进步带来的就业替代、转移或退出。以往文献分析各年间被解释变量均值变动时经常采用奥萨卡（Oaxaca）的回归分解方法，用解释变量均值变动反映本书的结构效应，系数变动反映倾向效用，相比而言本书采用的这种公式分解方法更加直观简单。

1.4.1 需求变动比供给变动对就业结构变动影响更大

表 1-11、表 1-12、表 1-13 为分解的结果。长期来看（2011～2017 年），流动人口中常规操作性工作就业人员占比下降由结构效应和倾向效应共同决定，结构效应相对更重要，而短期内（2014～2017 年）倾向效应的作用较强，但结构效应的影响依然占主导地位。这说明常规操作性就业占比下降在长期和短期都是人口结构变动主导，短期也有产业需求变动的影响。

表 1-11 流动人口岗位变动成因分解

时期及工作种类		基年（1）	末年（2）	变化（3）	分解结果		
					结构效应（4）	倾向效应（5）	交叉效应（6）
2011～2017 年	样本量（人）	70861	97335				
	非常规知识性（％）	17.96	17.82	-0.14	2.58	-3.56	0.85
	常规知识性（％）	26.53	27.97	1.44	0.23	2.30	-1.09
	非常规操作性（％）	13.78	13.67	-0.11	-1.42	1.08	0.23
	常规操作性（％）	23.29	21.47	-1.82	-2.22	-0.21	0.60
	不工作（％）	18.44	19.07	0.63	0.75	0.43	-0.52
2014～2017 年	样本量（人）	111586	97335				
	非常规知识性（％）	19.81	17.82	-1.99	0.83	-3.24	0.41
	常规知识性（％）	25.46	27.97	2.51	0.02	2.90	-0.41
	非常规操作性（％）	15.49	13.67	-1.82	-0.50	-1.24	-0.06
	常规操作性（％）	25.16	21.47	-3.69	-2.00	-1.55	-0.17
	不工作（％）	14.08	19.07	4.99	1.64	3.12	0.22

表 1 - 12　　　　　　　　农村户籍流动人口岗位变动成因分解

时期及工作种类		基年 (1)	末年 (2)	变化 (3)	分解结果		
					结构效应 (4)	倾向效应 (5)	交叉效应 (6)
2011～2017 年	样本量 (人)	57616	73905				
	非常规知识性 (%)	15.51	14.21	-1.3	1.48	-3.77	0.99
	常规知识性 (%)	26.58	29.33	2.75	0.32	3.29	-0.86
	非常规操作性 (%)	14.63	14.57	-0.06	-0.99	0.77	0.16
	常规操作性 (%)	25.19	22.92	-2.27	-1.58	-1.04	0.34
	不工作 (%)	18.08	18.97	0.89	0.76	0.75	-0.63
2014～2017 年	样本量 (人)	90243	73905				
	非常规知识性 (%)	17.01	14.21	-2.8	0.35	-3.59	0.43
	常规知识性 (%)	25.67	29.33	3.66	0.01	3.91	-0.27
	非常规操作性 (%)	16.4	14.57	-1.83	-0.27	-1.46	-0.09
	常规操作性 (%)	26.96	22.92	-4.04	-1.72	-2.06	-0.26
	不工作 (%)	13.96	18.97	5.01	1.63	3.2	0.18

表 1 - 13　　　　　　　　城镇户籍流动人口岗位变动成因分解

时期及工作种类		基年 (1)	末年 (2)	变化 (3)	分解结果		
					结构效应 (4)	倾向效应 (5)	交叉效应 (6)
2011～2017 年	样本量 (人)	13210	15665				
	非常规知识性 (%)	28.62	31.98	3.36	3.86	-1.53	1.06
	常规知识性 (%)	26.31	22.46	-3.85	0.33	-2.83	-1.34
	非常规操作性 (%)	10.02	10.16	0.14	-2.12	2.63	-0.37
	常规操作性 (%)	15.04	15.28	0.24	-2.54	1.86	0.92
	不工作 (%)	20.01	20.14	0.13	0.09	0.07	0.11
2014～2017 年	样本量 (人)	19857	15665				
	非常规知识性 (%)	32.07	31.98	-0.09	0.89	-1.38	0.39
	常规知识性 (%)	24.47	22.46	-2.01	0.01	-1.63	-0.4

时期及工作种类		基年 (1)	末年 (2)	变化 (3)	分解结果		
					结构效应 (4)	倾向效应 (5)	交叉效应 (6)
2014～2017 年	非常规操作性（%）	11.54	10.16	-1.38	-0.85	-0.34	-0.18
	常规操作性（%）	17.24	15.28	-1.96	-1.78	-0.2	0.01
	不工作（%）	14.67	20.14	5.47	1.72	3.56	0.18

在长期中，流动人口非常规操作性工作虽然外部需求增加，表现为倾向效应为正，但结构效应为负，意味着人口结构变动降低了从事非常规操作性就业供给。而在 2014～2017 年这一阶段，倾向效应为负，主导了非常规操作性就业占比下降。

对于知识性职业就业结构的变动，无论常规还是非常规工作，以及长期还是短期，结构效应都为正，反映了流动人口平均受教育水平提高从而更多进入知识性工作。同时，倾向效应主导了两类知识性工作就业比例变动，其中对非常规知识性就业有下降效应，对常规知识性工作由拉动效应，意味着产业需求变动过去多年在增加常规知识性就业。

从流动人口内部看，农村户籍流动人口就业结构变动的成因分解与流动人口相似，但城镇户籍流动人口有所不同。首先，在操作性工作上，城镇户籍流动人口的就业占比在短期由结构效应主导下降，长期由于正的倾向效应即岗位需求增加而上升。在知识性工作上的变动也有差异。与整体流动人口类似，结构效应在长短期、常规和非常规工作中都为正，同时倾向效用均为负值，说明在就业供给增加的同时，知识性工作的岗位需求减少，两者共同影响导致短期知识性就业占比下降，长期常规知识性就业占比下降，非常规知识性就业增加。

1.4.2 人口结构变动趋势能从供给方解释就业结构变动

流动人口群体的人口学特征变动对应着上文的结构效应。表 1－14 为流动人口年龄、受教育程度、性别等特征在 2011～2017 年的变化情况，表 1－14 至表 1－16 按户籍总结了流动人口的性别、年龄、受教育程度等人口学特征。

表 1 - 14 流动人口各群组占比的变动

受教育程度	年龄	女性			男性		
		2011 年占比（%）	2017 年占比（%）	变动（百分点）	2011 年占比（%）	2017 年占比（%）	变动（百分点）
小学及以下	18～29 岁	1.14	0.86	-0.28	0.80	0.62	-0.18
	30～49 岁	6.80	5.98	-0.83	4.84	4.32	-0.52
	50～59 岁	0.58	1.61	1.04	0.86	1.33	0.47
初中	18～29 岁	9.24	6.33	-2.90	8.68	5.16	-3.53
	30～49 岁	15.18	11.64	-3.55	18.32	15.55	-2.77
	50～59 岁	0.48	1.44	0.96	1.14	2.39	1.25
高中	18～29 岁	5.18	4.90	-0.27	5.48	4.32	-1.17
	30～49 岁	4.11	4.58	0.47	6.70	7.28	0.58
	50～59 岁	0.23	0.59	0.37	0.56	1.13	0.57
大学及以上	18～29 岁	2.82	5.96	3.14	2.93	4.13	1.20
	30～49 岁	1.42	3.86	2.44	2.35	5.64	3.29
	50～59 岁	0.04	0.12	0.08	0.13	0.27	0.14

注：表中数据根据卫健委流动人口动态监测调查数据计算得到。

表 1 - 15 流动人口特征

人口组别		2011 年	2017 年	变动
性别	男	52.79	52.13	-0.66
	女	47.21	47.87	0.66
年龄	18～29 岁	36.27	32.28	-4.00
	30～49 岁	59.73	58.84	-0.89
	50～59 岁	4.00	8.88	4.89
教育程度	小学及以下	15.02	14.72	-0.30
	初中	53.04	42.51	-10.53

续表

人口组别		2011 年	2017 年	变动
教育程度	高中	22. 25	22. 80	0. 55
	大学及以上	9. 68	19. 97	10. 29

表 1 - 16　　　　　　　　　农村户籍流动人口特征

人口组别		2011 年	2017 年	变动
性别	男	52. 65	52. 38	- 0. 27
	女	47. 35	47. 62	0. 27
年龄	18 ~ 29 岁	36. 31	33. 12	- 3. 20
	30 ~ 49 岁	60. 26	58. 23	- 2. 03
	50 ~ 59 岁	3. 42	8. 65	5. 22
教育程度	小学及以下	17. 54	17. 87	0. 33
	初中	58. 37	47. 97	- 10. 41
	高中	19. 83	21. 70	1. 88
	大学及以上	4. 26	12. 46	8. 20

　　表 1 - 15 显示，从年龄上看，流动人口群体 18 ~ 29 岁的人口占比降低了 3. 99 个百分点，30 ~ 49 岁的人口占比降低 0. 89 个百分点，50 ~ 59 岁的人口占比增加 4. 88 个百分点，特别是在较低学历流动人口中较年轻年龄段减少较多，这说明上文提到的流动人口老龄化问题确实存在。具体来看，如表 1 - 16 表示，农村户籍流动人口中，30 ~ 49 岁的人口占比减少了 2. 03 个百分点，18 ~ 29 岁人口占比减少了 3. 19 个百分点；表 1 - 17 显示，城市户籍流动人口中 18 ~ 29 岁的人口减少了 7. 01 个百分点，30 ~ 49 岁与 50 ~ 59 岁的人口占比均有所增加。

　　从教育上看，流动人口群体高中及大学以上的学历人口占比上升，小学以下及小学到初中人口占比下降，说明流动人口的受教育水平的确大幅提高，这主要是由于农村户籍流动人口中高中学历占比增加以及城市户籍流动人口中拥有大学以上的人口占比上升导致的。

表 1 – 17   城市户籍流动人口特征

人口组别		2011 年	2017 年	变动
性别	男	53.41	51.54	-1.87
	女	46.61	48.45	1.84
年龄	18~29 岁	36.06	29.05	-7.01
	30~49 岁	57.45	60.64	3.19
	50~59 岁	6.51	10.30	3.79
教育程度	小学及以下	4.06	2.98	-1.08
	初中	29.80	20.30	-9.50
	高中	32.85	26.94	-5.91
	大学及以上	33.31	49.77	16.46

从性别上看，女性占比有所上升，主要源自城镇户籍流动人口女性占比增加。

年长者、女性从事常规性工作较多，受教育较高者也容易从事常规知识性工作，因此人口结构能够部分解释常规知识性工作占比的增加。

1.4.3 流动人口就业结构需求层面变动

流动人口群体人口结构的变动增加了常规知识性和非常规知识性的就业供给，但是非常规知识性的倾向效应为负，常规知识性的倾向效用为正，说明总体看对于常规知识性工作的需求增加，对于非常规知识性工作的需求下降。

接下来我们将关注常规性就业的变动情况，考察常规性就业份额的变动都发生在哪些群体中。表 1 – 18 展示了两个考察期内，常规性知识性就业变动的分解情况，即常规知识性职业占比的变化中，各个人口组别所导致的变化的占比。两个流动人口群体各自组内 24 个单元格的总和为 100%，表示常规知识性就业的总变化。可以观察到，农村户籍低学历（初中及初中以下）的女性群体组别（"农村低学历女性"）解释了常规知识性就业结构倾向效应变化的 67.86%，而相对而言同样特征的男性群体只解释了 39.81%，这表明，2011～2017 年，对农村户籍低学历中青年女性的需求增加是农村户籍流动人口常规性知识上升的主要直接原因。

表 1-18　　　　　　常规知识性就业份额倾向效应变动的分解

户籍	学历	就业份额倾向效应变动					
		男性			女性		
		18～29 岁	30～49 岁	50～59 岁	18～29 岁	30～49 岁	50～59 岁
农村户籍	小学及以下	-0.17	4.07	2.24	1.48	18.82	2.20
	初中	9.04	21.58	3.05	10.78	33.53	1.05
	高中	2.41	-0.14	1.27	-2.26	1.87	0.40
	大学及以上	-1.44	-1.99	0.04	-6.91	-0.91	0.00
城镇户籍	小学及以下	-0.36	-2.07	-1.77	-1.19	-1.34	0.75
	初中	0.38	2.59	-7.35	0.80	-6.43	1.14
	高中	9.93	4.80	-2.86	9.32	-4.21	-3.00
	大学及以上	18.25	29.09	0.59	28.05	25.58	-0.70

而在城镇户籍流动人口中，常规知识性就业占比则下降了 3.85 个百分点，其中倾向效应为 -2.83 个百分点。这当中高中及以上的中青年男性（"城镇高学历中青年男性"）解释了 58.74%，高中及以上学历的中青年女性（"高学历中青女性"）群体解释了 62.07%，表明 2011～2017 年，负的倾向效应主要发生在城镇流动人口中的高学历中青年群体之中。

进一步考察上述相关群体就业结构的替代变动，即他们从常规知识性部门中增加（减少）的劳动力来自哪里（去了哪里）？由表 1-19 可以看到，在农村流动人口群体中，与常规知识性就业比例提升关系密切的"低学历女性"，在人口占比下降了 5.33 个百分点之下，非就业人口减少了 3.59 个百分点，常规操作性工作提升了 6.02 个百分点，同时非常规知识下降了 -3.57 个百分点，非常规操作性工作上升了 1.88 个百分点。农村户籍低学历男性的职业结构变化相似。说明对于农村户籍流动人口中的低学历者而言，中等技能的常规知识性职业和低端的非常规操作性职业是他/

她们就业的主要职业方向，整体的职业结构向对技能要求更低的方向变动。

表1-19　　　　　　　关键人口组别内部的职业结构变化　　　　　单位：%

人口组别	人口	常规知识性	常规操作性	非常规知识性	非常规操作性	不工作
农村低学历男性	-4.75	4.10	-4.19	-5.82	0.47	5.44
农村低学历女性	-5.33	6.02	-0.73	-3.57	1.88	-3.59
城镇高学历中青年男性	2.32	-5.24	3.33	3.91	0.36	-2.36
城镇高学历中青年女性	5.87	-6.58	0.60	5.30	-0.24	0.92

　　而在城镇流动人口中，可以看到与常规知识性就业降低相关的两个高学历群体。城镇高学历中青年男性的常规知识性就业比重和不工作比重分别下降了5.24个和2.36个百分点，常规操作性和非常规知识性就业比重上升了3.33个和3.91个百分点，此外非常规操作性职业比重上升了0.36个百分点。城镇高学历中青年女性中，常规知识性就业和非常规操作性就业的比重下降6.58个和0.24个百分点，常规操作性、非常规知识性和不工作的比重分别上升了0.60个、5.30个和0.92个百分点。这说明在高学历的中青年城镇户籍流动人口中，从常规知识性和非常规操作性工作流出的劳动力和新就业的群体，更多地流入技能要求和薪资水平都更高的非常规知识性和常规操作性部门。

　　接下来考察常规操作性职业变动中的倾向效应。如表1-20所示，2011~2017年常规操作性职业在流动人口群体和农村户籍流动人口中都呈现萎缩的特征，倾向效应也为负，说明常规操作性职业对于这两个群体的需求下降。其中，农村低学历男性和青年女性解释了176.8%的变化，说明常规操作性就业市场对这两个群体的需求降低，对于高学历男性的需求有所增加。

　　在城镇户籍流动人口中，常规操作性职业占比上升，倾向效应也为正。其中高中及以上学历的中青年男性和大学及以上的中青年女性解释了119.64%的变化，说明常规操作性就业市场对高学历中青年劳动力需求的上升。上述关键人口组别内部的职业结构变化中也可看出，城镇高学历中青年群体中，常规操作性的就业占比有所增加。

表 1 - 20　　　　　常规操作性就业份额倾向效应变动的分解　　　　　单位：%

户籍	学历	就业份额倾向效应变动					
		男性			女性		
		18～29 岁	30～49 岁	50～59 岁	18～29 岁	30～49 岁	50～59 岁
农村户籍	小学及以下	3.99	27.30	6.39	0.91	- 1.74	- 0.81
	初中	5.45	81.83	7.69	26.72	- 17.16	- 1.20
	高中	- 25.67	- 13.24	2.34	16.60	- 0.89	0.12
	大学及以上	- 12.26	- 5.57	- 0.08	- 0.81	0.07	0.00
城镇户籍	小学及以下	- 0.41	- 6.12	0.07	- 0.52	- 3.01	0.90
	初中	6.12	- 3.94	- 2.74	- 3.21	1.51	1.14
	高中	5.95	17.17	4.34	- 13.29	- 2.98	1.61
	大学及以上	42.14	31.54	0.66	5.46	17.38	0.24

　　造成这种需求变化的原因是什么呢？在行业层面，中国经济正处于转型阶段，服务业产值和就业的比重一直稳步增长并超过了其他两个产业。其中，2016 年服务业贡献了超过一半的 GDP，产值占比高达 57.5%，而就业占比也达到了 43.5%。服务业的发展催生了对常规知识性岗位的需求，而这类岗位尽管对于从业人员受教育水平有一定要求，但相对低于非常规知识性工作，可以与当前农民工受教育程度的增加相匹配。由此，服务业的发展是推动常规知识性就业增加的重要因素。

　　在行业内部，技术的快速发展同样改变了对不同类型岗位的需求。自动化技术的使用替代了部分常规操作性就业，这与国际国内大趋势一致。特别是近年反映资本成本的利率大体呈下降趋势，这助推了企业的技术革新和资本投入，进一步促进了这种替代，使企业减少雇用低学历人群，对于高学历人群的需求增加。

1.5　流动人口就业脆弱性：替代率估算

　　毫无疑问，直接模仿劳动者特征的人工智能一定会替代就业。参考弗雷和奥斯本（Frey and Osborne，2013）的思路，本节按照行业进行估算，即由于不同行业从事工作内容不同，可替代率不同，分别估算各个行业替代规模然后加总可以估计大致的总替代规模。2011~2017 年，流动人口就业分布在 19 个大行业中。按照弗雷和奥斯本（Frey and Osborne，2013）的各行业就业可被电脑化替代率估计，并假设电脑、自动化和人工智能替代劳动的比例在美国和中国是相等的（长期看可能成立），则可以根据已有文献的就业岗位替代率估算中国的劳动替代潜在规模。如表 1 - 21 所示，流动人口可被替代率高于城镇人口，同时农村籍流动人口可被替代程度高于城镇户籍流动人口。

表 1 - 21　　　　　2015 年流动人口就业与城镇就业替代率估计　　　　单位：%

行业	流动人口	农村流动人口	城镇流动人口	城镇人口	各行业替代率
总替代率	50.90	52.50	50.60	48.00	
农林牧渔	2.49	2.75	1.12	0.78	54.00
采矿	1.32	1.19	2.02	1.58	45.00
制造	19.86	20.83	14.70	22.76	43.00
电煤水热生产供应	0.53	0.37	1.33	1.15	65.00
建筑	7.47	7.76	5.92	10.77	59.00
批发零售	25.66	26.13	23.11	25.88	57.06
交通运输、仓储和邮政	3.67	3.62	3.91	3.73	70.00
住宿餐饮	13.96	14.46	11.27	4.89	65.65
信息传输、软件和信息	2.04	1.43	5.28	1.02	22.95
金融	0.79	0.50	2.33	1.76	56.54
房地产	0.88	0.71	1.79	1.21	88.80
租赁和商务服务	0.76	0.65	1.35	6.25	37.14
科研和技术服务	0.70	0.42	2.14	1.19	13.00
水利、环境和公共设施	0.32	0.26	0.64	0.79	53.00
居民服务、修理和其他	15.49	15.90	13.31	3.56	40.00
教育	1.21	0.83	3.22	5.04	8.80
卫生和社会工作	1.37	1.05	3.11	2.44	20.00

续表

行业	流动人口	农村流动人口	城镇流动人口	城镇人口	各行业替代率
文体和娱乐	0.86	0.74	1.52	0.43	33.00
公共管理、社会保障和国际组织	0.63	0.39	1.94	4.75	36.00

　　从表 1 - 22 可以看出，2015 年我国流动人口劳动力市场被人工智能为代表的技术进步替代的潜在比例为 50.90%，即 50.90% 的流动人口存在可替代风险。其中，农村流动人口就业替代率为 52.50%，城镇流动人口的就业替代率为 50.60%。同时孙文凯使用普查数据计算出 2015 年，我国城镇劳动力市场被人工智能为代表的技术进步替代的潜在比例为 48.00%，即 48.00% 的城镇就业人口存在可替代风险。

表 1 - 22　　　　　　2011 ~ 2017 年流动人口替代率估计　　　　单位：%

替代率	2011 年	2012 年	2013 年	2014 年	2015 年	2016 年	2017 年
流动人口替代率	57.10	56.70	57.20	51.70	50.90	50.90	50.80
农村流动人口替代率	53.80	53.20	52.90	51.90	52.50	52.50	52.00
城镇流动人口替代率	53.30	52.70	52.80	50.60	50.60	50.10	49.70

　　农村户籍流动人口就业替代率相对较高是由于他们的就业多集中在制造业和批发零售业，这两个行业的平均替代率分别为 43.00% 和 57.00%，这两个行业的潜在被替代的工作岗位总量很大。相比之下城镇户籍流动人口在制造业和批发零售业的就业比例相对较少，而且他们在信息传输、软件和信息、科研和技术以及教育等替代率较低的行业就业率相对较高，这也与城镇户籍流动人口中拥有高等教育学历的人群比例最高有关。

　　当然，这个估算忽略了由于人工智能而带动的新需求创造的新劳动岗位，以及可替代劳动转入较难替代行业的可能。虽然按照上述测算，企业及各类单位中 50% 的人处于容易被替代的高危人群，但人工智能对中国劳动者的替代过程会长于发达国家。主要原因包括：一是我国劳动力成本与发达国家相比仍有明显差距。在权衡技术成本与劳动成本之后产生的技术替代，需要更长时间。二是人工智能替代将首先缓解劳动力供给不足的问题。我国劳动力从 2011 年开始出现绝对数量下降，部分地区出现"用工荒"，技术进步将弥补劳动力不足，而非完全替代。三是人工智能实现大规模应用尚需技术的进一步成熟。在德国等发达国家由工业 3.0 推进到工业 4.0 时，我国很多产业还处于工业 2.0 阶段，技术的更新换代和推广还需要时间，一段时期内我国劳动替代问题不会太大。

同时，从我国 2011 年至 2017 年就业结构变化的趋势看，我国就业结构应对未来的技术进步还存在不足和挑战。与美国相比，我国常规性工作占比还很高，非常规性工作占比长期处于停滞状态，而美国非常规性工作增长势头良好。这些都对我国劳动力市场应对人工智能为代表的技术进步不利，亟待对劳动力市场结构进行转型。

1.6 总 结

近年来，我国经济结构转型和产业升级开始加速，流动人口就业在一定程度上适应了经济转型带来的需求变动需要。农村户籍流动人口的就业结构变动与城镇户籍流动人口不同，更多地仍然在常规性就业岗位上，甚至比重稍有增长，而城镇户籍流动人口则相反，说明二者可能在就业转变中起到了互补作用。

总体来看，2011 年以来农民工就业结构变动不大，导致就业结构变动的主要是需求层面因素。供给层面的人口结构变动也能在一定程度上解释这些就业结构变动。目前，仍有超过 50% 的农民工在从事容易被自动化技术替代的常规性工作。第四代技术进步以人工智能等自动化技术为代表，虽然近期没有看到对就业的明显影响，但未来仍然可能带来较大就业总量及结构冲击。因此，在技术进步不可阻挡的趋势下，相关政府部门应该对农民工这一群体给予更多关注，可以通过更多培训提高其适应能力，也应在社会保障方面未雨绸缪以备风险应对。

第 2 章
流动人口过度劳动问题分析

2.1 引　言

近年来，过度劳动现象在我国引起了普遍关注。根据中国人力资源和社会保障部发布的《中国劳动统计年鉴（2016）》，2015 年城镇就业人员的周平均劳动时间为 45.5 小时，其中有 30.4% 的就业人员每周平均劳动时间在 48 小时以上。而对比同年经合组织（OECD）数据，OECD 国家 2015 年周平均劳动时间仅为 36.7 小时，中国远超出 OECD 国家平均值。国际经验显示过度劳动会严重影响劳动者的身体健康、精神状态、家庭关系以及主观幸福感（Caruso，2006；Dahlgren and Akerstedt，2006）。我国流动人口的过度劳动现象更为严重。根据中国流动人口动态监测调查 2017 年的数据，流动就业人口周平均劳动时间为 56.8 小时，58.2% 的流动就业人口周平均劳动时间超过 50 小时，而 2015 年这一比例还只有 52.2%。缓解流动人口过度劳动情况，已经成为提升流动人口健康水平，增强流动人口劳动保护的重要任务。

目前国内学术界已有较多针对过度劳动成因的研究，但这些研究较少将目光集中在问题更严重的流动人口上，也没有研究从身份认同这一心理效应来解释过度劳动现象。社会身份认同（social identity）理论的起源可以追溯到塔费尔和特纳（Tajfel and Turner，1979）。身份认同代表人们自我定位所属群体身份，进而依据其行为规范影响自身行为。在我国，身份认同理论被广泛应用于流动人口能否融入当地社会的问题分析上（杨菊华，2010）。由于流动人口在城市劳动和生活但却一直受到区别对待，很多研究都指出了农民工在城市身份认同存在困境（张静，2010；崔岩，2012）。流动人口往往只认为自己是城市的"过客"，而此在城市社会身份认同的差异会导致经济行为的差异（Chen and Li，2009）。一个引申的猜想是：正是由于流动人口这种"过客"的心态，促使其短期内过度投入努力，以获取较高回报为返乡或继续流动的准备。对应的问题就是：流动人口产生本地社会身份认同是否能够有效缓解他们的过度劳动情况？回答这个问题不仅有助于我们了解流动人口的劳动行为，也有助于促进流动人口健康劳动相关政策的评价设计。

本章基于 2017 年中国流动人口动态监测调查数据定量分析流动人口社会身份认同对过度劳动情况的影响。除了用工具变量方法控制可能的内生性问题，基于城乡户籍差异，本章还使用不同户口类型流动人口的社会身份认同对过度劳动情况的影响差异进行双重差分检验，这有利于进一步识别影响来源。我们也对社会身份认同对过度劳动的其他影响机制进行了分析。

本章其他部分内容安排如下：第二节进行了相关文献回顾，第三节进行了数据描述性统计及统计方法介绍，第四节首先基于 OLS 模型进行了分析，之后对可能内生性问题进行了处理，并对社会身份认同对过度劳动的影响机制进行了分析，最后以流动人口的过度劳动时间为被解释变量进行了进一步的研究，第五节进行了简要总结。

2.2 文 献 综 述

大量学者利用不同国家的数据对各国过度劳动的现状以及发展趋势进行了总结，发现过度劳动在世界范围内有普遍增长趋势。库恩和洛扎诺（Kuhn and Lozano，2008）利用美国 1976 ~ 2006 年当期人口调查数据（current population survey）发现美国男性劳动者的工作时间在 25 年间持续延长，且男性劳动者每周工作小时超过 48 小时的比例也在增加，这一现象在高教育水平、高收入和高龄群体中更为严重。德拉戈等（Drago et al.，2005）利用澳大利亚数据证明劳动者过度劳动具有持久性。国内学者近年来也开始关注过度劳动问题，并从个人、用人单位和社会环境等多方面讨论了我国过度劳动问题的成因（肖红梅，2014；郭凤鸣和曲俊雪，2016）。郭凤鸣和曲俊雪（2016）利用中国营养与健康调查数据发现我国过度劳动情况呈现加剧态势。一些研究发现流动人口的过度劳动情况更为严重。帕克和王（Park and Wang，2010）利用 2005 年中国城市劳动力调查数据发现，城镇居民和流动人口的劳动时间存在着显著差异：大城市流动人口月平均劳动时间为 283 小时，远高于对应大城市城镇居民的 184 小时；小城市流动人口的月平均劳动时间为 250 小时，远高于小城市城镇居民的 183 小时。根据郭凤鸣和张世伟（2018）的研究，低收入农民工群体存在着严重的过度劳动问题，男性农民工群体中每周工作时间大于 50 小时的比例大于 70%。

已有部分文献针对过度劳动影响因素进行了理论或实证研究。沃尔夫（Wolfe，1997）以及埃林森和约翰森（Ellingsen and Johannesson，2007）认为劳动时间由劳动者的内在激励和外在激励同时决定。将劳动视为对未来工资的前瞻性投资行为能够解释过度劳动的发生（Golden，2008）。米凯拉奇和皮霍安—马斯（Michelacci and Pijoan-Mas，2007）认为劳动时间的延长反映了劳动者对未来职业提升的期望。劳动时间的延长也可能是应对未来失业或者降薪风险的措施，职业或收入的不确定性增加会加剧过度劳动（Bluestone and Rose，1998）。郭凤鸣和张世伟（2018）利用 2012 年和 2013 年流动人口动态监测数据和城市宏观数据，证实最低工资标准的提升增加了女性农民工群体的失业风险，导致了这部分农民工群体过度劳动时间的延长。

已有部分研究与社会身份认同影响劳动时间的视角相关。这个视角下身份认同可能对流动人口产生影响的渠道主要是模仿效应或参照点效应。首先，劳动者的劳动时间受到参照群体的影响。较多针对社会身份认同的研究证实了流动人口的社会身份认同能够影响参照群体的选择和经济行为（Fang and Loury，2005；Chen and Li，2009；Afridi et al.，2015）。杨菊华（2009）将流动人口的社会融入分为经济整合、文化接纳、行为适应和身份认同四个维度。当流动人口对流入地有很强的认同感时，意味着他们在流入地产生了较强的经济整合和行为适应，具有与流入地城镇居民类似的行为特征。张文宏和雷开春（2009）认为在有较好的社会身份认同时，流动人口在流入地的经济、文化、行为等都会以目的地居民为参照标准，言行举止更接近当地人。由于城镇居民工作时间偏少，可以预期城市中本地认同感更强的流动人口将通过模仿效应减少工作时间。国外也有类似证据，比如卡哈内克和希尔兹（Kahanec and Shields，2010）利用德国移民数据证明不倾向于留在工作地的移民更有可能发生过度劳动。其次，参照点效应还可以通过社会比较视角解释身份认同对过度劳动影响并得到与模仿机制不同的影响方向预测。已有研究显示劳动者会出于证明个人的成功或提升相对社会地位的目的进行消费，为满足更高水平的消费，劳动者会延长他们的劳动时间（Altman，2001；Schor，1998）。当收入不平等情况加剧时，那些收入较低的劳动者可能会出于维持相对消费水平或模仿富裕群体消费行为的目的而延长工作时间（Schor，1998；Bowles and Park，2005）。如果流动人口认为自己是城市本地人，那么他们将更多和城市居民比较并进行高消费，并且通过过度劳动来支撑。而差距较大的、认为自己仍是老家人的流动人口反倒可能减少过度劳动，放弃竞争性比较（王湘红等，2012）。流动人口本地人身份认同对过度劳动可能有解释力，但以上两个机制的解释综合影响方向仍需检验。

在我国，流动人口可能面临着更为严重的职业和收入的不确定性（邓曲恒，2007；马小红，段成荣，郭静，2014；罗俊峰，童玉芬，2015），这一现象主要发生在乡—城流动人口中（杨菊华，2011），这种不确定性可能对流动人口整体的过度劳动也有解释力，但身份认同将从心理认知差异视角对流动人口内部过度劳动差异提出新解释。尽管目前国内已有一些研究表明社会身份认同的差异能够造成流动人口经济行为的差异，但尚未有直接针对流动人口社会身份认同差异对劳动时间影响的研究。本章目的即是探讨社会身份认同对流动人口过度劳动影响并讨论影响机制。

2.3　数据和模型

2.3.1　数据来源

本章使用的数据来自 2017 年中国流动人口动态监测调查，这是目前国内规模最大的专门针对流动人口进行的调查。该数据按照随机原则在全国 31 个省（区、市）和新疆生产建设兵团这些流动人口集中流入城区抽取样本点，调查对象主要为 15 ~ 59 周岁的流入人口，调查内容包括流动人口的个人基本信息、流动信息和社会融合情况，也包括流动人口就业特征、家庭特征以及其他基本公共卫生服务情况。问卷调查中"本周工作小时数"可以作为计算流动人口过度劳动情况的主要指标。排除调查对象中未参与劳动的群体后，最终共得到 116149 个分析样本。

2.3.2　模型设定

本章基本方法为多元回归分析，控制其他因素后考察流动人口社会身份认同对过度劳动情况的影响，基准 OLS 回归方程设定如下：

$$overwork_i = \alpha_i + \alpha_1 SocialIdentity_i + \alpha_0 X_i + \varepsilon_i \qquad (2-1)$$

其中，$overwork_i$ 为流动人口 i 是否存在过度劳动的二值哑变量。[1] 雅各布斯和格林（Jacobs and Green，1998）在有关美国过度劳动情况的研究中，将每周劳动时间超过 50 小时作为识别过度劳动的标识。在查和韦登（Cha and Weeden，2014）针对美国过度劳动与性别差异的研究中，同样直接使用劳动时间大于等于 50 小时作为过度劳动的标志。本章主要沿用了这一定义，若流动人口劳动时间大于等于 50 小时，$overwork_i$ 取值为 1，否则为 0。[2] $SocialIdentity_i$ 代表了流动人口的社会认同。现有研究表明流动人口是否认同自己属于"本地人"这一社会身份可以作为衡量其在居住地社会融入的重要标志（张文宏、雷开春，2009；陆淑珍、魏万青，2011），流动人口的社会心理融入主要可以通过其对本地身份认同来进行测量（崔岩，2012）。X_i 是一些其他可能影响流动人口劳动时间的个人特征、家庭特征和工作特征，个人特征包括性别、年龄、户口性质、教育背景、健康状况等，家庭特征包括家庭子女数量以及家庭土地承包情况等，工作特征包括工作行业和工资率。ε_i 为随个体变化的随机误差项。

由于调查样本都在城市地区，而流动人口中既有农业户籍人口也有非

---

① 本章主要采用了线性概率模型进行估计，使用 probit 模型估计结果完全一致。
② 使用其他几个过度劳动时间的衡量结果非常类似，不再列入正文。

农户籍人口。对于农业户籍流动人口，问卷中的"本地人"身份认知包含两重效应，即"城市人"和"本地人"。为了进一步识别这两种效应，我们利用流动人口内部户籍差异来构造双重差分分析。由于非农户籍的流动人口本身已经具备城镇户口，融入本地只可能通过"本地人"身份而不是通过"城市人"身份起作用，因此，如果农业户籍流动人口与非农户籍流动人口在本数据中"本地人"这一变量对过度劳动影响存在差异，则说明对农业户籍流动人口"城市人"身份也在发挥作用。我们在回归方程中加入了户口性质 $rural\_hukou_i$ 这一二元变量构造双重差分模型来识别哪种身份在起作用。如果 $rural\_hukou_i$ 取值为 1 表示户口性质为农业户口。双重差分回归方程如式（2-2）所示：

$$overwork_i = \alpha_i + \alpha_1 SocialIdentity_i + \alpha_2 rural\_hukou_i + \alpha_3 SocialIdentity_i$$
$$\times rural\_hukou_i + \alpha_0 X_i + \varepsilon_i \qquad (2-2)$$

当交互项 $SocialIdentity_i \times rural\_hukou_i$ 取值为 1 时，代表户口性质为农业户口的流动人口具有本地身份认同，其系数反映了不同户籍流动人口身份认同对过度劳动影响之差即"城市人"身份影响。

2.3.3　变量定义和描述性统计

根据本章使用的调查数据，流动人口的每周平均劳动时间为 56.8 小时，其中 75.15% 的劳动者每周劳动时间超过 40 小时，62.48% 的劳动者每周平均劳动时间超过 50 小时。这一数据表明，流动人口存在着较为严重的过度劳动问题。

本章核心解释变量为流动人口的社会身份认同，流动人口社会身份认同由调查问卷中"认为自己是不是本地人"进行衡量。基于受访者的答案，1 代表流动人口具有本地身份认同，0 代表流动人口不具有本地身份认同。

变量的定义以及描述性统计结果如表 2-1 所示。从表 2-1 中可以看出，具有不同户口性质和社会身份认同的流动人口在过度劳动情况上存在着差异。农业户籍流动人口以及不具有本地身份认同的流动人口发生过度劳动的比例较高。换一个视角看，具有本地人身份认同的流动人口有 61.5% 存在过度劳动，而不认可本地人身份的流动人口有 65.5% 存在过度劳动，高出 4%。过度劳动人群和无过度劳动人群的各项特征有较大差异，意味着下文统计分析时需要控制众多其他变量的影响。

表 2 - 1　　　　　　　　　变量定义及描述性统计

变量		无过度劳动			过度劳动			t-test 概率
		样本量	均值	标准差	样本量	均值	标准差	
本地人身份认同		40157	0.78	0.41	75227	0.75	0.44	0.000 ***
基础特征	农业户籍	40157	0.70	0.46	75227	0.84	0.37	0.000 ***
	性别	40157	0.54	0.50	75227	0.60	0.49	0.000 ***
	年龄	40157	38.04	8.93	75227	39.59	9.09	0.000 ***
	婚姻状况	40157	0.96	0.19	75227	0.96	0.19	0.000 ***
	健康状况	40157	0.99	0.11	75227	0.98	0.13	0.000 ***
	党员或共青团员	40157	0.11	0.32	75227	0.05	0.22	0.000 ***
	家庭经济开支（对数）	40157	6.78	0.64	75227	6.66	0.59	0.000 ***
	工资率	40157	36.42	119.60	75227	16.32	15.28	0.000 ***
	老家是否有土地	40157	0.38	0.49	75227	0.54	0.50	0.000 ***
	家庭子女数量	40157	1.30	0.76	75227	1.55	0.75	0.000 ***
工作行业	农业	40157	0.03	0.16	75227	0.03	0.16	0.000 ***
	制造业	40157	0.04	0.18	75227	0.01	0.12	0.000 ***
	服务业	40157	0.59	0.49	75227	0.71	0.46	0.000 ***
学历	未上过学	40157	0.02	0.13	75227	0.03	0.16	0.000 ***
	小学	40157	0.10	0.30	75227	0.18	0.38	0.001 ***
	初中	40157	0.35	0.48	75227	0.52	0.50	0.000 ***
	高中	40157	0.23	0.42	75227	0.20	0.40	0.000 ***
	大学专科	40157	0.16	0.37	75227	0.06	0.23	0.000 ***
	大学本科	40157	0.13	0.34	75227	0.02	0.14	0.000 ***
	研究生	40157	0.01	0.11	75227	0.00	0.04	0.000 ***

注：*** 代表在 1% 的水平上显著。

2.4 统计结果

2.4.1 基础回归结果

表2-2前两列报告了流动人口社会认同情况对过度劳动影响的基准OLS估计结果。其中，（1）列报告了全部流动人口的社会认同对是否过度劳动情况的影响，（2）列报告了使用双重差分的回归结果，能够看到不同户籍流动人口的差异。

表2-2　　流动人口社会身份认同对过度劳动影响：OLS 与 IV 估计

变量	（1） 基础模型 OLS	（2） 双重差分 OLS	（3） 基础模型 IV	（4） 双重差分 IV
本地身份认同	- 0.028 *** （0.003）	- 0.042 *** （0.007）	- 0.043 ** （0.019）	- 0.091 * （0.047）
农业户口	0.020 *** （0.004）	0.006 （0.007）	0.019 *** （0.004）	0.127 *** （0.041）
本地身份认同×农业户口	— —	0.017 ** （0.008）	— —	- 0.133 *** （0.051）
控制变量	是	是	是	是
样本量	115384	115384	115384	115384
R^2	0.138	0.138	0.138	0.138
一阶段 F 值			1560.9	1589.6
P			（0.0000）	（0.0000）
Sargan 检验			2.4942	1.1665
P			（0.1143）	（0.2801）

注：***、**、*分别代表在1%、5%、10%的水平上显著。由于篇幅所限，其余控制变量回归结果未在表格中展示。$F-test$ 报告了第一阶段联合检验的 F 值和显著性水平，在1%的显著性水平上说明工具变量是强工具变量；过度识别检验报告了 Sargan 统计值和显著性水平，在10%的显著性水平上说明工具变量满足外生性。（3）列和（4）列使用的工具变量为"是否跨方言区流动"以及"流动时间"。

从 OLS 回归结果中可以看出，流动人口是否认同本地人身份，能够显著影响过度劳动。当流动人口具有本地身份认同时，全部流动人口每周工作时间超过 50 小时的概率平均会下降 2.8%。但农业户籍会显著增加过度劳动发生的概率。（2）列的结果表明，在加入交互项进行回归以后，本地人身份认同的回归系数仍然显著为负，农业户籍与本地身份认同的交互项回归系数显著为正。这说明本地身份认同能够有效缓解过度劳动，但户口性质为农业户口明显削弱了身份认同对过度劳动的边际影响。本地身份认同能够缓解过度劳动可能是由于心理认知上发生改变，认可本地身份的流动人口会以本地人为参照对象调整行为模式，包括劳动行为的改变，最终导致流动人口劳动时间的缩短。但是，交叉项系数反映的农业户籍相比非农户籍减弱对过度劳动影响意味着"城市人"效应不大，这和一些理论预期不同。由于 OLS 模型中无法解决可能的内生性问题，我们将采用工具变量方法进一步检验。

2.4.2　内生性可能及工具变量法估计

流动人口的社会身份认同情况可能存在内生性，这里有几个可能原因。第一，该指标通过主观变量进行衡量，可能存在测度偏误。第二，流动人口的劳动时间和社会身份识别变量之间可能存在着反向因果。流动人口过长的劳动时间可能限制了流动人口的社会交往范围和社会活动内容，影响了流动人口的社会认同。第三，遗漏变量问题。由于户籍等制度原因造成的流动人口制度性隔离，造成流动人口集中于从事劳动密集型或低端产业工作，而这一类工作通常具有较低的福利保障水平和较长的劳动时间要求，导致了流动人口的过度劳动。虽然我们控制了行业和工资率，仍然可能存在类似工作要求等遗漏变量。我们也可能遗漏同时影响劳动时间和社会身份认知的流动人口个性特征变量。为解决上述问题，本章引入工具变量法进行了进一步研究。

本章使用是否跨方言区流动作为社会认同工具变量。贾斯帕尔（Jaspal，2009）利用心理学分析方法证明，语言是社会认同的有效记号。使用同一种语言是表现某一社会群体特征的理想工具，并且促进了群体内个体的身份认同。本章根据《中国语言地图集》的分类，将中国汉语方言分为官话、晋语、赣语、徽语、吴语、湘语、客家话、粤语、平语九大方言区，又将官话区细分为东北官话区、北方官话区、北京官话区、胶辽官话区、中原官话区、兰银官话区、江淮官话区和西南官话区。考虑到流动人口调查涵盖了少数民族聚居区，我们在方言区划分中加入蒙古语区和藏缅语系区。若流动人口户籍所在地与流入地所属方言区不同，则"是否跨方言区流动"变量取值为1，代表流动人口跨方言区进行了流动。

本章还使用了流入本地时间作为本地人身份认同的工具变量。这是因为流入本地时间越长，流动人口越能够适应流入地生活，从而更可能认同自己的本地人身份。

表2-2后两列报告了使用工具变量两阶段回归（2SLS）的结果，工具变量的有效性检验同样也显示在表中。

对全部人口的工具变量回归结果与最小二乘回归结果基本一致，即本地身份认同能够降低发生过度劳动概率，而农业户籍流动人口发生过度劳动概率更高。但我们注意到，排除内生性的影响之后，双重差分模型显示农业户籍流动人口的身份认同对减小过度劳动概率效应更大，这和OLS结果相反，但更符合理论预期。同时，在双重差分模型中城镇户籍流动人口身份认同也会显著降低过度劳动可能，这可能与流动人口的向上流动和模仿有关。而农业户籍本身增加发生过度劳动可能，这说明对农村户籍流动人口来说，"城市人"身份的过度劳动下降效应同样重要。由于制度性隔离的存在，农村户籍人口与城镇本地居民差异比城镇户籍流动人口更大，具有本地身份认同意味着他们的身份认知较城镇户籍流动人口产生了更为明显的转变，这一转变有效地缩短了劳动时间，缓解了过度劳动。

2.4.3 机制检验

流动人口如果具有本地身份认同会降低过度劳动时间，可能有很多机制能够解释这个结果。限于数据，我们只检验可能的三个机制：向上模仿、未来不确定性和本地适应。

1. 向上模仿机制

根据前文分析，流动人口具有本地身份认同能够显著缓解过度劳动的原因可能在于流动人口心理认知发生改变导致的模仿效应。一般来讲，流动人口都是从相对落后地区进入到相对较大城市，比如从农村进入城镇，从小城镇走向大都市。流动人口刚进入较高等级城市时，他们多半会努力工作超时劳动，随着社会融入，身份认同会使得其模仿本地人经济行为或进一步与收入较高的本地人竞争社会地位。"向上模仿"或"向上竞争"可能是一种解释上文发现的重要机制。本章根据中国城市行政级别划分将城市划分为直辖市、副省级城市和其他城市。根据调查数据，流动人口除了由农村走向城镇之外，也会发生省内跨市、国内跨省的流动。比较流动人口现居城市与其原籍所属城市级别后我们发现，样本中有 43.9% 的流动人口现居城市行政级别高于原籍所属城市，有 53.1% 的流动人口在同级别城市之间流动，而仅有不足 3% 的流动人口由较高级别城市向较低级别城市流动。流出地与流入地城市级别的差异，也意味着流动人口面临挑战的差异，以及产生身份认同后行为差异变动程度的差异。为验证本地身份认同是通过改变流动人口心理认知的"向上模仿"而改变流动人口行为模式，本章将"是否向较高级别城市流动"和"本地身份认同"作为交互项加入回归，检验本地身份认同对于在不同级别城市间发生流动的流动人口过度劳动的影响。结果如表 2 - 3 所示。为排除模型内生性因素的影响，我们同时报告了 OLS 和工具变量回归结果。

表 2 - 3　本地身份认同对于在不同级别城市间流动的流动人口过度劳动行为影响

变量	(1) 全样本 OLS	(2) 非农户口 OLS	(3) 农业户口 OLS	(1) 全样本 IV	(2) 非农户口 IV	(3) 农业户口 IV
本地身份认同	0.007** (0.003)	0.004 (0.008)	0.009** (0.004)	- 0.070*** (0.016)	- 0.043 (0.037)	- 0.107*** (0.018)
本地身份认同 × 向更高级别城市流动	- 0.089*** (0.003)	- 0.104*** (0.007)	- 0.082*** (0.003)	- 0.062*** (0.006)	- 0.090*** (0.013)	- 0.041*** (0.007)
农业户口	0.020*** (0.004)			0.018*** (0.004)		
控制变量	是	是	是	是	是	是

续表

变量	(1) 全样本 OLS	(2) 非农户口 OLS	(3) 农业户口 OLS	(1) 全样本 IV	(2) 非农户口 IV	(3) 农业户口 IV
样本量	115384	24276	91108	115384	24276	91108
R^2	0.144	0.205	0.121	0.140	0.203	0.111

注：***、**、*分别表示在1%、5%、10%的水平上显著。由于篇幅所限，其余控制变量回归结果未在表格中展示。工具变量估计通过了强工具变量和外生性检验，此处不再报告结果。

从回归结果中可以看出，无论是OLS还是工具变量估计，身份认同和向高级城市流动的交互项的回归系数显著为负，说明向更高级别城市流动会增强本地身份认同对流动人口过度劳动的减弱效应。即产生本地身份认同，对由低级别城市向更高级别城市进行流动的人口影响更大。产生这一结果的原因在于，更高级别城市竞争更为激烈，流动人口在生活压力与工作压力也可能更大，向更高级别城市发生流动，对于流动人口而言，需要面临更多的挑战。在更高级别的城市具有本地身份认同，意味着在心理认知上发生了更大的转变，从而也更可能导致劳动行为的变化。

无论是OLS还是工具变量估计，农村户籍流动人口更可能发生过度劳动。分样本回归显示，无论在非农业户籍还是农业户籍流动人口样本中，交互项的回归结果都显著为负。这一结果证明了"向上模仿"效应。但是在非农户籍流动人口样本中，是否产生本地身份认同本身的回归系数为负但不显著。这说明，如果非农业户籍流动人口向同级别城市流动或向更低级别城市流动，产生本地身份认同并不会显著缓解过度劳动情况，只有向更高级别城市流动并产生本地身份认同，才能够显著缓解过度劳动情况。导致这一结果的原因在于，对于城镇流动人口而言，他们在流出地城市行为习惯和相同级别流入地往往并无显著区别，因此在同级别或向低级别城市流动时，产生本地身份认同并不会带来经济行为的明显改变，只有向更高级别城市流动时，产生本地身份认同才引起明显的心理认知变化。这一结果同样证实了"向上模仿"效应。

2. 未来去向机制

另一个社会身份认同缓解过度劳动的可能原因是过度劳动是一种临时

性行为，通常发生在那些不打算长期停留在本地劳动市场的流动人口中，因此社会身份认同通过影响流动人口的居留意愿影响了劳动时间。根据卡哈内克和希尔兹（Kahanec and Shields，2010）的研究，不打算在流入地居留的移民更倾向于进行过度劳动。这是因为他们不需要积累流入地人力资本，而选择将用于积累流入地人力资本的时间用于工作，以便增加积蓄带回家乡。为验证这一机制，我们选取了问卷中流动人口的返乡意愿、居留意愿①以及长期居留意愿②作为被解释变量与本地身份认同进行回归分析，打算返乡、打算居留以及打算长期居留时被解释变量赋值为1。结果如表2-4所示。

表2-4　　　　　　　本地身份认同对流动人口返乡和居留意愿的影响

变量	(1) 打算返乡 OLS	(2) 打算居留 OLS	(3) 打算长期居留 OLS	(4) 打算返乡 IV	(5) 打算居留 IV	(6) 打算长期居留 IV
本地身份认同	-0.022*** (0.001)	0.084*** (0.003)	0.046*** (0.002)	-0.060*** (0.006)	0.134*** (0.018)	0.203*** (0.012)
控制变量	是	是	是	是	是	是
样本量	115384	115384	115384	115384	115384	115384
R^2	0.013	0.035	0.023	—	0.032	—

注：***、**、*分别表示在1%、5%、10%的水平上显著。由于篇幅所限，其余控制变量回归结果未在表格中展示。此处回归使用的工具变量为"是否跨方言区流动"。工具变量估计通过了强工具变量检验，此处不再报告结果。

从回归结果中可以看出，具有本地身份认同可能会削弱流动人口的返乡意愿，增强流动人口的居留意愿和长期居留意愿。这一结果说明了具有本地身份认同可能会影响流动人口的居留打算，进而影响其时间分配的变化。那些打算居留的流动人口可能会将部分时间花费在积累流入地人力资本上，减少了劳动时间。对于打算返乡的流动人口，进入流入地劳动市场

---

① 问卷中将不打算居留的流动人口分为了打算返乡的流动人口以及打算流动到其他城市的流动人口，因此在这里对打算返乡的流动人口与打算居留的流动人口进行了区分。

② 具有长期居留意愿表示流动人口打算未来在流入地居留2年以上。

仅仅是一种临时性行为，他们将时间全部投入在劳动中以期获得更高收入，最终导致劳动时间的延长。

3. 本地适应机制

本地适应机制能更直观地解释流动人口身份认同对过度劳动影响，即具有本地身份认同是否会让流动人口拥有更多时间以用于本地人力资本积累，减少过度劳动。为验证这一点，本章将"是否构建起本地社交网络""是否按照当地习俗办事"以及"是否适应本地卫生习惯"作为行为适应的评估变量进行分析。结果如表 2-5 所示。

表 2-5　　　　　　　　　本地身份认同与本地习俗适应性

变量	(1) 本地办事习俗 OLS	(2) 本地卫生习惯 OLS	(3) 本地社交网络 OLS	(4) 本地办事习俗 IV	(5) 本地卫生习惯 IV	(6) 本地社交网络 IV
本地身份认同	0.040 *** (0.003)	0.039 *** (0.003)	0.177 *** (0.003)	0.112 *** (0.024)	0.450 *** (0.021)	1.166 *** (0.030)
控制变量	是	是	是	是	是	是
样本量	115384	115384	115384	115384	115384	115384
R^2	0.028	0.027	0.067	0.024	—	—

注：*** 、 ** 、 * 分别表示在1%、5%、10%的水平上显著。此处使用的工具变量为"是否跨方言区流动"。工具变量估计通过了强工具变量和外生性检验，此处不再报告结果。

从结果中可以看出，本地身份认同与本地行为适应之间存在着较强的相关性。根据杨菊华（2009）的研究，流动人口身份认同既是流动人口社会融入的指标之一，又是影响其他维度社会融入的重要因素。本章的分析证实产生本地认同能够促进流动人口产生行为适应。考虑到适应流入地行为模式所需要花费的时间成本，这可能解释为何产生本地身份认同的流动人口通常具有相对较短的劳动时间。这也进一步证明了杨菊华（2009）的结论，即流动人口的社会身份认同可以促进或阻碍流动人口在流入地的经济融入、文化接纳和行为适应。

2.4.4　对过度劳动时间的统计

为进一步研究流动人口产生本地身份认同对缓解其过度劳动时间的影响，本章将过度劳动时间作为被解释变量再次进行了分析。在这部分分析中，本节沿用了 2.3 节使用的模型，即：

$$overwork\_time_i = \alpha_i + \alpha_1 SocialIdentity_i + \alpha_0 X_i + \varepsilon_i \quad (2-3)$$

以及

$$overwork\_time_i = \alpha_i + \alpha_1 SocialIdentity_i + \alpha_2 rural\_hukou_i + \alpha_3 SocialIdentity_i$$
$$\times rural\_hukou_i + \alpha_0 X_i + \varepsilon_i \quad (2-4)$$

其中，$overwork\_time_i$ 代表流动人口过度劳动时间，即：

$$overwork\_time_i = 每周劳动时间 - 50$$

由于此变量属于归并数据，因此我们利用 Tobit 模型估计（3）列和（4）列，也利用工具变量方法解决潜在的内生性问题，回归结果在表 2 - 6 中给出。从结果可以看出，总体上本地身份认同能够降低过度劳动时间。而采用差分法的回归结果显示交叉项不显著，意味着这更多来自"本地人"效应而非"城市人"效应。分户籍估计结果类似，无论农业还是非农户籍，产生工作所在地身份认同都会显著降低过度劳动时间。

此外，我们只针对存在过度劳动的群体分析了其过度劳动时间如何受到身份认同的影响。由于这样筛选样本得到的是断尾数据，我们使用断尾回归模型进行分析。由于结果和 Tobit 模型估计非常接近，此处不再单独列出结果。

表 2 - 6　　　　流动人口本地身份认同对过度劳动时间的影响

变量	(1) 全样本 Tobit	(2) 全样本 IVTobit	(3) 差分 Tobit	(4) 差分 IVTobit	(5) 非农业户口 IVTobit	(6) 农业户口 IVTobit
本地身份认同	-1.570*** (0.088)	-8.428*** (0.940)	-1.790*** (0.210)	-7.174*** (2.074)	-12.186*** (2.232)	-17.314*** (1.051)
农业户口	0.252** (0.106)	0.714*** (0.176)	0.038 (0.214)	1.868 (1.771)		

变量	(1) 全样本 Tobit	(2) 全样本 IVTobit	(3) 差分 Tobit	(4) 差分 IVTobit	(5) 非农业户口 IVTobit	(6) 农业户口 IVTobit
本地身份认同 × 农业户口			0.266 (0.231)	− 1.421 (2.185)		
控制变量	是	是	是	是	是	是
样本量	115384	115384	115384	115384	24276	91108

注：***、**、* 分别代表在1%、5%、10%的水平上显著。由于篇幅所限，其余控制变量回归结果未在表格中展示。工具变量估计通过了强工具变量和外生性检验，此处不再报告结果。

2.5 总结讨论

本章讨论了流动人口社会身份认同对过度劳动情况的影响。研究发现流动人口具有流入地社会身份认同能够有效缓解过度劳动。导致这一现象的原因在于当流动人口具有本地社会身份认同时，他们倾向于以流入地居民作为参照群体，在心理认知上更接近流入地居民，更适应当地习俗，减少了未来继续流动的可能。这导致了他们行为模式的改变，有效地减小了过度劳动发生概率并缩短了过度劳动时间。

由二元户籍制度所带来的制度性隔离，导致了农业户籍流动人口更容易发生过度劳动。对这部分流动人口而言，产生流入地社会身份认同意味着更为明显的心理认知改变，这一改变也更为明显地缓解了他们的过度劳动情况。对于农村户籍流动人口，身份认同的作用同时来自"城市人"和"本地人"两种效应，他们都会减少过度劳动发生可能。与之相似，由于我国城市之间的经济发展与人口规模等存在着明显的差异，向不同级别的城市流动，通常也意味着面临不同的挑战。由小城镇流向大城市的劳动者产生本地身份认同意味着更为明显的心理认知改变，也会更为明显地改善过度劳动。

本章的研究具有重要的政策意义。过度劳动严重损害了劳动者的生理和心理健康，流动人口严重的过度劳动情况更是反映出了流动人口与流入地城镇居民之间在劳动就业方面的巨大不平等。促进流动人口身份认同，不仅有利于推进流动人口社会融合，促进流动人口特别是农村转移人口市民化，也有助于提升流动人口的劳动时间合理化，保障流动人口的健康水平和福利水平。已有众多关于流动人口身份认同影响因素的研究都指出，户籍包含的社会福利是促进流动人口融入城市获得认同感的重要因素。这意味着让流动人口在城市能够享受同等福利，有着更多维度的现实意义。

第 3 章
流动人口补偿性收入问题分析

3.1 引　　言

　　我国的户籍制度将每个人的医疗、子女教育、婚姻等生活的重要方面与个人的户籍所在地挂钩。离开原籍地外出务工者则会因为一定时期内无法在就业地获得户籍，无法享受医疗保险（贾男等，2015）、子女教育及健康（陶然和周敏慧，2012；孙文凯和王乙杰，2016）、平等就业（陆益龙，2008；吴贾等，2015）等权利从而受到效用损失。户籍制度对于个人离开原籍地的这种障碍是造成劳动力迁移摩擦的重要原因。迁移摩擦导致了非农与农业部门之间劳动力无法出清，也部分解释了控制了个人特征后依旧存在的农村与城镇收入差距（Au and Henderson，2006）。

　　对每个流动职工来说，城市户籍政策之间的差异则决定了外出就业地点的选择。对于两个提供同等工资、福利、住房条件，并分别位于两个不同城市的岗位，理性个体将会选择位于落户门槛更低城市的岗位。从而城市户籍政策会影响城市劳动力供给。在城市间个人效用相等的劳动力流动均衡条件下，我们预期更严格的户籍政策会通过提高外来职工因不能落户所需要的补偿工资而抬高劳动力成本。

　　本章计划主要利用 2005 年 1% 人口抽样调查数据的 1/5 随机样本和张吉鹏等（2017）所测算的城市落户门槛指数来分析各个城市户籍政策严苛程度对当地职工工资的影响。2005 年人口抽样调查数据包含了基本个人家庭特征、就业情况、居住地点和户籍来源地等变量，而张吉鹏等（2017）

则是基于各个城市 2000～2013 年间的落户政策中对落户候选人在学历、拥有住房面积、年龄等各方面的要求测算出了该城市的落户难度。结合中国区域与城市统计年鉴的数据，我们得以在全面控制个人及城市特征的基础上分析城市户籍政策对均衡工资水平的影响。

本章主要探讨两个问题：

第一个问题是，户籍政策是否能影响城市间劳动力市场均衡并最终影响企业需要支付的外来人口工资水平？这一问题答案的不确定性在于，城市之间的户籍政策差异并不如同城乡之间的差距一样显著。如果外出务工者群体无法全面地获取城市户籍政策信息，或城市间岗位的可得性有限，那么城市间个体效用相等的劳动力流动均衡将无法实现。现有文献对这个问题分别进行了理论和经验视角的回答。孙文凯等（2011）研究了 2003～2006 年大中城市户籍改革对劳动力流动的影响，更多研究从理论角度考虑了整个户籍制度放宽时个人工资的变化。比如，都阳等（2014）和周文等（2017）分别从理论上验证了户籍制度放宽会增大劳动力市场规模和大幅增加农村劳动力效用。本章的不同之处在于假定城市各自处于局部均衡，研究户籍政策差异如何引致工资差异。结论反映的是给定其他城市政策不变，一个城市在放宽户籍政策时所能预期到的劳动力成本降低效果。

其他关于政策对劳动力流动及工资水平影响的研究为我们提供了借鉴。城市公共服务（夏怡然和陆铭，2015）、工资水平（王格玮，2004）会影响劳动力流动的选择，而布钦斯基（Buchinsky et al.，2014）研究了以色列对于俄罗斯移民迁往偏远地区进行补贴时，实际实现的移民流动导向效果。与户籍政策类似的资源配置扭曲同样存在于国民生产部门之间，比如谢和克莱诺（Hsieh and Klenow，2009）、福尔拉特（Vollrath，2014）将发展中国家的生产部门劳动边际报酬的差距归为资源错配，并发现消除资源错配后国内产值将提升一定幅度。因此本章也可以为研究户籍政策普遍放宽（而不只是城乡之间流动放宽）所带来的资源配置优化提供经验支持。

我们研究的第二个问题是，城市户籍政策直接作用于外来人口，那它是否会间接地影响本地职工工资？布钦斯基（Buchinsky et al.，2014）发现由于职业分隔，外来移民的涌入对本地职工工资并无显著影响，刘学军和赵耀辉（2009）也得出了类似结论，卡德（Card，2001）则发现更多的外来劳动力显著降低了原有职工的工资。在本章的情形中，由于外来职工中占大部分的低技能劳动力[1]与本地低技能职工形成替代，而与本地高技能职工形成互补，因此户籍政策理论上也应通过影响外来劳动力供给间接地影响本地职工工资。2005 年我国城镇二三产业职工中，流动人口只占50%。如果户籍政策同时影响了外来和本地职工的工资，那么户籍政策抬高劳动力成本的影响面将会更广。对于有动机通过降低劳动力成本来吸引资本，并实现经济增长的地方政府来说，这可能增加他们放宽户籍政策的动力。

本章的创新与贡献主要体现在三个方面：

第一，本章估计的参数具有一定理论意义。通过估计流动人口为接受更低落户机会所需要的工资补偿，我们同时也间接地估计了人们对于不能落户效用损失的估价。目前对于户籍制度宏观效应的许多理论研究如梁琦等（2013）、周文等（2017）的参数来自校准；而伯斯克等（Bosker et al.，2012）的参数估计则来自张和赵（Zhang and Zhao，2011）对于农民工外出一定距离的损失所需要得到的工资补偿估计[2]。农民工外出一定距离时，他们同时承受了距离与非落户状态所带来的负效用，因此采用张和赵（Zhang and Zhao，2011）中迁移一定距离所需的工资补偿作为户籍迁移摩擦并不合适。本章另一项理论意义在于，基于户籍制度所带来的各个城市间劳动力价格扭曲或称人力资本错配的幅度，未来研究可以进一步探讨消除这一扭曲所带来的生产力提升［类似研究包括谢和克莱诺（Hsieh and Klenow，2008）以及福尔拉特（Vollrath，2014）等］。

第二，我们补充了现有文献关于户籍身份带来的工资差距的解释。过往研究表明城市外来职工常常面临工资和就业机会的双重歧视（万海远和李实，2013；吴贾等，2015）。陈昊等（2017）则发现了外来职工工资高于本地职工工资的"反向歧视"现象，对此他们的解释是：这一外来职工工资溢价来自企业主未给外来职工缴纳养老失业保险，转而以工资形式支付给职工的补偿。虽然这一补偿也来自户籍身份，但只能反映流动职工对

---

① 在 2005 年人口抽样调查的二三产业职工子样本中，低技能（低于大专学历的）职工占流动人口比例为 92.1%。

② 张和赵（Zhang and Zhao，2011）的结论是，农民工外出距离每增加 10%，所需要的工资补偿就须提高 15%。

养老失业保险的估价，而不是对落户的估价。本章与陈昊等（2017）的另一方面差别在于，陈昊等（2017）解释的是城市内部不同的户籍身份带来的工资差距，而本章关注的是流动人口由于不同的落户机会在城市间的工资差距。

第三，我们的研究也是对"劳动力流动对本地劳动力市场的影响"这类文献（Card，2001；刘学军和赵耀辉，2009）的一个补充。本章间接地支持了"劳动力流入会改变城市原有职工的收入"这一结论。

3.2 研 究 假 说

外出务工者的岗位选择由各个岗位及其所在城市所提供的工资、生活成本、公共服务包括落户机会等带来的组合效用决定。因此在给定其他条件时，如果一个城市落户门槛更高，那么个人当地获得的期望效用越低，因此外出务工群体将迁移到效用更高的城市，从而这个城市外来劳动力供给减少。这个过程一直持续直至上述效用组合在城市间达到相等。基于城市间效用相等的劳动力流动均衡条件也可见于罗巴克（Roback，1982）和格莱泽等（Glaeser et al.，2008）。对上述模型的正式刻画如下：

假定个人有线性间接效用函数 $V_{ij} = U(w_{ij}, hu_{ij}) = \alpha w_{ij} + \beta hu_{ij} + a_i + b_j + \varepsilon_{ij}$。其中，$w_{ij}$、$hu_{ij}$ 分别为个人 i 在城市 j 所获得的工资和落户门槛严格程度，并有 $\alpha > 0$，$\beta < 0$。个人将定义保留效用为他在其他城市能获得的最高效用 $\bar{V}_i = \max_{k \neq j} V_{ik}$。那么均衡时有 $\alpha w_{ij} + \beta hu_{ij} + a_i + b_j + \varepsilon_{ij} = \bar{V}_i$，因此由全微分方程我们可推出均衡满足 $\frac{\partial w_{ij}}{\partial hu_{ij}} > 0$。故提出假说 1：

假说 1：严格的户籍政策使得外来务工者工资要求更高。这将更直接地体现为个人转换为城镇户口概率越高，要求的工资越低。

户籍政策同时影响劳动力供给。一个城市面对的外来人口供给为 $M_j = \sum_i 1\{V_{ij} > \bar{V}_i\}$，易知 $\frac{\partial M_j}{\partial hu_{ij}} < 0$，与本地现有劳动力 L_j 和需求函数共同决定当地工资水平。这里假定本地劳动力有较低的流动性，即忽略其被外来劳动力挤出该城市的可能。如果将人力资本分为高（H）和低（L）两类，

企业生产函数为 CD 生产函数形式：$y_j = k_j^{1-\alpha-\beta}(M_j^H + L_j^H)^{\alpha}(M_j^L + L_j^L)^{\beta}$。由于高低类型劳动力的互补性，劳动力报酬满足 $\dfrac{\partial w_j^H}{\partial(M_j^L + L_j^L)} > 0$。考虑到户籍政策边际上更多地限制了低类型人力资本，亦即 $\dfrac{\partial M_j^L}{\partial h_j} < \dfrac{\partial M_j^H}{\partial h_j} < 0$，这里用 h_j 而不用 h_{ij} 代表城市只有一项总的户籍指数值。那么预计有 $\dfrac{\partial M_j^L}{\partial h_j} < 0$，从而 $\dfrac{\partial w_j^H}{\partial h_j} < 0$，故提出假说 2：

假说 2：由于流动职工中 92% 都是低技能劳动力，户籍政策主要对外来低类型劳动力落户构成限制。因此户籍政策越严格的地方，本地低类型劳动力的成本越高，高类型劳动力生产率越低。

3.3 数据描述与初步证据

3.3.1 样本描述

我们利用 2005 年 1% 人口抽样调查的 1/5 随机抽样数据，并采用张吉鹏等（2017）所测算的 2000～2013 年"普通就业"落户门槛指数作为本章的关键自变量，结合中国城市、区域、人口统计年鉴数据来估计户籍政策差距所产生的劳动力市场效应。

2005 年 1% 人口抽样调查的 1/5 随机抽样数据中包含 365 个城市中的约 258 万个个人样本。其中能和落户指数匹配起来的有 90 个城市中的约 120 万个个人样本。控制的变量包含个人所在城市、年龄、性别、工作行业、教育程度、流动人口的户籍所在地等。这个样本中的流动人口占比约为 20%。我们假定迁移决策主要来自就业迁移，并且只有第二、第三产业适用于劳动力市场出清假设；而农业部门由于存在着大量剩余劳动力（约翰·奈特等，2011），因此不适用于出清假设。如此符合在第二、第三产业，上周有工作的条件，并且能匹配到户籍指数的子样本共约有 37 万个。

删去了工资异常（取零或大于 90000 元/月）的样本、工作时间小于 20 小时的个体①。接下来我们对个人和城市自变量的选取进行说明。

3.3.2　变量选择与描述统计

1. 个人层面控制变量

借鉴扩展的明瑟工资方程，我们控制的影响工资的变量有年龄、性别、教育程度和每周工作时间。我们将流动人口定义为户口所在地在被调查地点所处地级市之外的人。由于体制内工资溢价的存在（孙文凯等，2016），我们控制个人是否在国企就业。是否婚育会影响到个人受户籍政策的影响程度，也须控制。参照前人文献对城市间工资差距的解释，我们还控制了是否有失业与养老保险（陈昊等，2017）；加入外来劳动力户口来源省份哑变量以及与户口来源的距离，以控制张和赵（Zhang and Zhao，2011）所发现的城市间工资差距来源。在我国劳动力政策的实施中，大专这一学历被认为是高低技能的分界线（吴愈晓，2011）。因此我们以大专为分界线划分高低技能人群，预期这两类人群受户籍影响不同。在进一步工资回归中，我们还将构造个人户籍转换概率作为个人在一定户籍政策下对工资要求的影响因素，作为替代的户籍政策作用方式。最后，城乡户口与是否外来人口是我们关注的基本身份变量。个人控制变量描述见表 3-1。

表 3-1　　　　　　　　　　个人控制变量描述

变量	样本数（个）	均值	标准差	最小值	最大值
对数工资	580522	6.751	0.637	0	11.408
每周工作小时	593839	49.291	11.648	20	90
教育程度（1~7，从未受教育至研究生）	593839	3.497	1.099	1	7
高学历（大专及以上）	593839	0.173	0.378	0	1

---

① 剔除每周工作少于 20 小时样本的原因是，这些工作一般属于非正式工作或兼职。但如果个人还依赖于其他收入来源，那么这项工作的收入就不能完全反映个人选择在这个城市工作的收益。

续表

变量	样本数（个）	均值	标准差	最小值	最大值
在国企工作	593839	0.149	0.356	0	1
年龄	593839	35.665	10.586	15	97
是流动人口	593839	0.201	0.401	0	1
已婚	593839	0.776	0.417	0	1
已育	593839	0.288	0.453	0	1
性别（女性）	593839	0.403	0.491	0	1
有失业保险	593839	0.244	0.430	0	1
有养老保险	593839	0.367	0.482	0	1
非农户口	593839	0.495	0.500	0	1

资料来源：2005 年 1% 人口抽样调查的 1/5 随机样本。

2. 城市户籍指数及控制变量

本章的关键自变量是城市落户难度。我们采用张吉鹏等（2017）算出的落户指数作为城市落户难度的代理变量。这个指数的测算方法是对各个城市户籍政策文件中对于外来落户候选人的各项指标作出的要求进行综合比较[①]。我们采用了张吉鹏等（2017）中针对 2000~2013 年各城市外来"普通就业者"计算的落户指数。考虑到这些户籍指数取值在 0~1 之间，且原始的指数具有北上广等一线城市的户籍指数取值远高于其他城市的特点，我们取户籍指数的对数作为自变量，以使户籍指数分布更接近对称并减少异常值扭曲结果的可能。

使用测算出来的户籍指数存在的一个可能缺陷是，如果大城市相比小城市具有更易获得的户籍政策文件，那么用这一户籍指数回归将会有样本选择偏误。我们对能与不能匹配到户籍指数的城市的 2003 年对数户籍人

---

① 比如若其他条件一样，城市 A 要求落户者的学历不低于大专，且须在本地拥有 80 平方米以上的住房，而城市 B 只要求不低于高中的学历和 60 平方米的住房，那么计算就会赋给 A 城市更高的落户难度指数。因此对于一定的外来务工者特征的分布，落户难度指数更高的城市会让一个人受到更大的预期福利损失，从而需要更高的工资补偿。

口规模[①]进行单侧 t 检验,原假设为没有户籍指数的城市规模不显著小于有户籍指数的城市人口规模,p 值为 0.1218 接受原假设。

我们还将在回归中控制城市基本生产率和劳动力需求因素。基本的城市控制变量包括同样直接影响居民效用的住房价格、人均财政支出。由于城市基本的劳动力禀赋和国内外市场潜力从供给两方面影响了城市对外来劳动力的需求,我们也将对这些因素进行控制。为了避免反向因果及内生性问题,城市控制变量均采用滞后一期或多期的值。上述城市变量描述于表 3 - 2。

表 3 - 2　　　　　　　　　　城市变量描述

变量	样本数(个)	均值	标准差	最小值	最大值
对数户籍指数	114	- 2.832	1.034	- 8.517	- 0.445
与大港口距离	299	0.780	0.618	2.42e - 07	3.473
2001 高校数量	110	7.673	11.127	0	61
农业人口供给加权和	105	4.062	2.899	43.597	2533.941
1999 年对数人口数	105	4.658	0.820	2.678	7.028
2003 年房价	109	0.184	0.094	0.068	0.626
2003 年人均财政教育支出	107	0.036	0.042	0.009	0.397
是省会或直辖市	343	0.090	0.287	0	1

资料来源:张吉鹏(2017)户籍指数,各年份《中国城市统计年鉴》和《中国人口统计年鉴》。

3.3.3　实证策略

根据本书第 2 章的理论分析,本章的基准回归为一个扩展的明瑟方程模型:

$$\ln wage_{ij} = \alpha C_i + \beta A_j + \gamma \ln hu_j + e_{ij}$$

其中,C_i 为个人控制变量,包括学历、年龄、性别、婚育情况、劳动

[①]　本来用常住人口数据更合适,但区域统计年鉴中的人口规模口径不一致:在某些城市是户籍人口数,而在另一些城市是常住人口数。因此我们选择直接用城市统计年鉴中的户籍人口数。

保险、户口类型（农业、非农）、来源省份哑变量。在基本的个人控制变量之外，由于劳动保险可以替代工资成为对个人的补偿，故需要控制。控制个人来源地级市哑变量出于两个考虑：一是样本之间户口来源地的工资可能不同，而这意味着个人的"保留工资"也不同；二是相同来源地的职工之间更有可能共享工作机会、城市福利等信息，因此假设他们位于同一无差异曲线上比较合理。A_j 为城市控制变量，包括人口规模、人均财政支出、房价水平。对于流动人口来说，预期 $\ln hu$ 系数应为正。

为解决城市中可能存在的不可观测异质性问题，我们将城市划分为两类样本，一是非省会直辖市样本，二是全样本。这样划分是考虑到省会或直辖市城市本身不可观测异质较强，而且恰恰是人口集聚、生产率高、发展潜力大的城市采用户口政策较为严格，因此也是户籍政策捕捉到其他因素影响的可能来源。

3.4 实证分析

3.4.1 外来务工者工资回归

1. 基准回归

对第二、第三产业中的外来职工子样本估计 3.3 节中的基准回归，发现户籍指数显著抬高了劳动力成本。对数户籍指数每上升一个标准差（约为 1.034），在非省会直辖城市抬高工资的幅度平均为 1.86%，在全样本平均抬高工资 0.253%（见表 3 - 3），对应平均为 1134.7 元/月的平均工资，这分别对应抬高工资的幅度为 21.1 元/月和 2.9 元/月，幅度较低。

上述回归可能面临的一个挑战是，要实现可比个体在城市间效用相等，需要以个人拥有各个城市的户籍政策信息为前提。考虑到即使对于研究者来说全面搜集并比较全国城市的户籍政策都较为困难，这一假设看似较为严格。但现实中一方面外出务工者之间可能存在信息共享，而另一方面即使一个外出务工者只对两个外地城市进行了比较，只要其他外出务工者对比了其他城市，那么这个外出务者总体也能被视为在所有城市之间流动并最终达到效用等同均衡。作为对"每个外出务工者都拥有全面的政策信息"这一假设的放宽，我们假定"老乡"之间会进行信息沟通，也就是效用等同可能只在各个相同来源省份的群体之内达到。因此我们将控制每个外出务工者的户籍来源省份哑变量。

表 3 – 3　　　　　　　外来务工者对数工资关于户籍指数的回归

变量	(1) 非省会直辖市 lnwage	(2) 全样本 lnwage
户籍指数	0.0186 *** (0.00222)	0.00253 (0.00156)
工作时间	− 0.00695 (0.00987)	− 0.0182 ** (0.00758)
女性	− 0.141 *** (0.00389)	− 0.149 *** (0.00306)
年龄	0.0427 *** (0.00144)	0.0390 *** (0.00103)
年龄平方	− 0.000516 *** (2.31e − 05)	− 0.000469 *** (1.58e − 05)
教育年限	0.0806 *** (0.00102)	0.0795 *** (0.000732)
就业于国企	0.118 *** (0.0114)	0.143 *** (0.00712)
2003 年城市人均教育投入	− 1.270 *** (0.0807)	− 0.0165 (0.0293)
2003 年平均房价	1.687 *** (0.0676)	0.743 *** (0.0249)
样本数	53279	94015
R^2	0.295	0.276

注：括号内为异方差稳健标准误。*** 、** 、* 分别代表在 1%、5%、10% 的水平上显著。

2. 户籍政策与城市外来劳动力需求的共同作用

考虑到户籍政策直接作用于城市外来劳动力，我们可以对基准回归作一定的扩展。一个重要问题是，对外来劳动力需求更高的城市，受到户籍政策的影响是否会更强。我们通过在回归中添加外生的劳动力供给与需求的代理变量及其与户籍指数的交互项来探究这一可能。考虑到 2001 年中国加入 WTO 使得离港口近的地区贸易机会显著增加，我们跟随现有文献如陆铭等（2012）、洪占卿等（2012）、李光勤等（2017），采用城市与最近大港口（天津、上海或香港）距离作为城市外生的对外来劳动力需求的代理变量。我们采用各个城市的 2001 年高等院校数量以及 2000 年城市附近的农业人口加权和，分别作为城市外生高学历和低学历劳动力供给[①]的代理变量。由于更多的高学历劳动力供给对于高和低学历职工工资的影响是不同的，接下来我们需要划分高低技能子样本分别回归，分界线为大专学历。因此我们进行以下回归：

$$lnwage_{ij} = \beta_0 lnhu_j + \beta_1 demand_j + \beta_2 lnhu_j \times demand_j + \alpha C_i + \gamma A_j + u_{ij}$$

除了基本控制变量外，新增的 $demand_j$ 代表城市对新增外来劳动力的需求，包括与最近大港口的距离 $dist\_port$，以及高校数量 $college$ 2001 和农业人口加权和 $agrisup$ 三个变量。回归报告于表 3 – 4。

可以发现对于高技能子样本，城市外来人口供求代理变量如港口、高校数量和农业人口供给变量多有显著，而它们与户籍指数的交互项则多不显著。这意味着户籍指数对于流动的高技能职工来说仅起到全国和城市工资水平之间的楔子作用。而对于非省会直辖市低技能子样本来说，高校数量、农业劳动力供给及其与户籍指数交互项系数都与我们预期相符。即高校数量越多，农业人口供给越少则低技能劳动力工资越高，严格的户籍政策会强化这些趋势。这些结果符合我们的直觉。根据张和赵（Zhang and Zhao，2011），个人会偏好在离户籍地近的地区就业。而表 3 – 4 的结果说明，城市附近大量的农业劳动力供给减弱了城市户籍政策抬高劳动力成本

---

① 农业人口加权和构建方法是 $agrisupply_j = \sum_{k \neq j} \dfrac{农村人口}{城市中心地理距离}$，即对城市自身及其他所有城市的农业人口数量（取自 2000 年《城市统计年鉴》中人口数量减去非农人口数量），按距离取一个加权和，距离越近权重越大。

表 3－4 外来务工者对数工资关于户籍指数与城市外生劳动力供求的回归

变量	非省会直辖低技能		全样本低技能		非省会直辖高技能		全样本高技能	
	(1)	(2)	(3)	(4)	(5)	(6)	(7)	(8)
户籍指数	0.00652 ***	0.0364 ***	0.00168	0.00599	0.0292 **	0.0676 *	0.0397 ***	0.0689 ***
	-0.00226	-0.006	-0.00177	-0.00456	-0.012	-0.0404	-0.00899	-0.0239
港口距离	-0.173 ***	-0.0948 *	-0.143 ***	-0.0391	-0.473 ***	-0.559 ***	-0.108 ***	0.0378
	-0.0184	-0.0564	-0.00734	-0.0318	-0.0841	-0.191	-0.0222	-0.108
户籍指数×港口距离		0.0392 **		0.0375 ***		-0.0259		0.0479
		-0.0194		-0.0109		-0.061		-0.0369
2001 年高校数量	0.00556 ***	0.0311 ***	-0.00268 ***	-0.00265 ***	-0.00882	0.00766	-0.00305 **	0.00012
	-0.00107	-0.0041	-0.000294	-0.000516	-0.00637	-0.027	-0.00148	-0.00265
户籍指数×高校数量		0.00739 ***	0.00381 ***	-1.80E-05		0.00457		0.00121
		-0.00111	-0.000971	-0.000154		-0.00761		-0.000824
2000 年农业人口加权和	-0.0116 ***	-0.0711 ***	-0.0057	-0.0057	-0.00146	-0.0523	0.0104 ***	-0.0399
	-0.00238	-0.00904	-0.00504	-0.00504	-0.0128	-0.0623	-0.00342	-0.0286
户籍指数×农业人口加权和		-0.0190 ***		-0.00306 *		-0.0163		-0.0170 *
		-0.0028		-0.00165		-0.0189		-0.00956
样本数	49900	49900	86680	86680	3220	3220	7176	7176
R^2	0.254	0.255	0.23	0.23	0.39	0.39	0.387	0.388

注：常数项及城市个人基本变量都已控制，限于篇幅不再展示。括号内为异方差稳健标准误。***、**、* 分别代表在1%、5%、10%的水平上显著。

的作用[1]。

3. 工具变量回归

由于城市户籍政策可能非外生，即地方政府可能对当地劳动力市场状况做出反应，我们有必要寻找户籍政策的工具变量。户籍政策的内生性可能有两种来源：一是地方政府由于外来人口的大量涌入，制定更高的户籍政策，但工资仍是低的。那么我们会观察到更高的户籍指数对应偏低的工资。二是如果政府出于降低劳动力成本的目标，降低户籍门槛，那么我们将观察到较低的户籍指数对应更高的工资。以上结果分别会造成系数的低估和高估。为解决这一问题我们将采用城市 1990 年人均粮食产量作为户籍政策的工具变量进行回归。变量选择的依据是蔡昉等（2001），这篇文章发现在 1952～1998 年之间各个城市的计划迁移人口和其上年的人均粮食产量呈显著正相关。这是因为在商品流通成本较高的时代，一个城市的粮食产量决定了城市的人口承载力。而由于 1990 年粮食的产量包含了外生决定因素比如地质条件，而且其所决定的 1990 年城市户籍政策将会部分被延续到 2000 年以后，而这一变量在控制了城市特征的条件下，不会影响 2005 年的工资水平，因此它作为户籍政策的工具变量满足外生性。在接下来的回归中我们可以验证 IV 的相关性以及非弱工具。

我们在回归式 $\ln wage_{ij} = \beta_0 \ln hu_j + \beta_1 demand_j + \beta_2 \ln hu_j \times demand_j + \alpha C_i + \gamma A_j + u_{ij}$ 的基础上进行 2SLS 回归。表 3-5 报告了第一阶段和第二阶段回归结果。由于篇幅原因，只对各个子样本不带交互项的回归做一阶段展示。各个第一阶段回归中 IV 系数的 t 值平方都远大于 10，排除了弱工具变量的问题。其他回归均为第二阶段。在未添加交互项时，变量系数方向基本都符合预期。而加上交互项后，户籍政策与外来劳动力需求代理变量的主变量和交互项大多显著性下降。这与表 3-4 中 OLS 回归的情况有较大的区别。回归（12）中出现了几项显著的关键变量，但港口系数为正则违背直觉；对于无交互项与有交互项回归结果对比［如回归（2）和回归（3）］，

---

[1] 张和赵（Zhang and Zhao，2011）所发现的"工资对距离远进行了补偿"可能形成对本章机制的一个替代解释。对于表 3-4 中的结果我们尝试控制了"离户籍所在地距离"来代替个人户籍所在省份进行回归，关键变量系数无太大变化。限于篇幅不再报告。

表 3 - 5　外来务工者对数工资关于户籍指数与城市外生劳动力供求的 2SLS 回归

变量	非省会直辖低技能			全样本低技能			非省会直辖高技能			全样本高技能		
	(1) 一阶段 户籍指数	(2) 二阶段 lnwage	(3) 二阶段 lnwage	(4) 一阶段 户籍指数	(5) 二阶段 lnwage	(6) 二阶段 lnwage	(7) 一阶段 户籍指数	(8) 二阶段 lnwage	(9) 二阶段 lnwage	(10) 一阶段 户籍指数	(11) 二阶段 lnwage	(12) 二阶段 lnwage
1990 年粮食产量	-0.00115 *** (1.96e-05)			-0.00345 *** (2.34e-05)			-0.00160 *** (0.000101)			-0.0227 *** (9.08e-05)		
户籍指数		0.0288 ** (0.0129)	-0.291 (0.361)		0.0851 *** (0.0281)	-2.631 (7.534)		0.0287 (0.0660)	-0.687 (1.349)		0.625 *** (0.212)	3.508 ** (1.573)
港口距离		-0.170 *** (0.0195)	3.802 *** (1.470)		-0.119 *** (0.0116)	-0.639 (6.375)		-0.461 *** (0.0880)	8.973 (12.37)		0.0767 (0.0746)	2.432 (1.490)
户籍指数 × 港口距离			1.467 *** (0.449)			-0.202 (2.133)			3.747 (4.968)			0.777 (0.475)
2001 年高校数量		0.00474 *** (0.00119)	0.204 (0.202)		-0.00647 *** (0.00131)	-0.000508 (0.0277)		-0.0134 * (0.00686)	1.700 (2.696)		-0.0217 *** (0.00678)	-0.0408 * (0.0231)
户籍指数 × 高校数量			0.0602 (0.0541)			-0.00170 (0.00629)			0.509 (0.786)			-0.00191 (0.00577)
2000 年农业 人口加权和		-0.00504 (0.00372)	-0.362 (0.579)		0.0139 *** (0.00345)	1.639 (4.246)		0.00482 (0.0181)	-2.739 (4.989)		0.0316 *** (0.00877)	-2.143 ** (1.015)
户籍指数 × 农业 人口加权和			-0.102 (0.174)			0.568 (1.482)			-0.734 (1.400)			-0.737 ** (0.347)
第一阶段 F 值	3411.14			21782.62			248.89			623.16		
样本数	48886	48886	48886	85666	85666	85666	3181	3181	3181	7137	7137	7137
R^2		0.252			0.212			0.390			0.046	

注：常数项及城市个人基本变量都已控制。限于篇幅不再展示。括号内为异方差稳健标准误。***、**、* 分别代表在 1%、5%、10% 的水平上显著。

回归（3）中普遍不显著的交互项表明户籍政策仅仅形成了一个城市工资水平和其他地区工资水平之间的"楔子"的作用；城市外生劳动力需求的出现在短期内可能会影响工资水平，但是最终市场会出清到城市间效用等同的状态。至于为何在加入交互项后，主变量的系数出现了反转，则有待进一步探讨。

3.4.2　户口转换概率与工资要求

作为稳健性检验，我们更进一步探究个人面临的落户概率会如何影响其工资要求。即从普查数据中推算出每个人依照其可观测个人特征在其工作地点落户的概率，再将此概率作为工资的解释变量。

参考王格玮（2004）、何英华（2004），我们将五年前常住地、一年前常住地非当前居住省份的本地户籍人口识别为从外地来、并已经落户的人口①。相比起上一小节区分高低技能子样本，或将户籍政策和教育程度作为解释工资的变量，户籍转换概率利用了已落户人群的信息。考虑到现实中已落户外来人口恰恰是潜在外来人口的参照，转换概率在工资方程中是对户籍指数的一个合理替代。

为了使得户口获得和工资方程这两个方程同时能识别，这 2 个方程变量选取必须满足排除约束（exclusion restriction），即任意一个方程的变量不能是另一个的子集。因此我们采用所在城市哑变量作为转换概率的解释变量，不加入户籍指数，这么做还具备扩大样本量的好处。

我们主要用教育年限、年龄和所在省份解释户口的获得。因此首先用 probit 模型估计这一户籍转换概率方程，假定决定转换概率各因素中的不可观测变量服从标准正态分布：

$$p(trans = 1 \mid x) = \Phi(\beta_0 city + \beta_1 province \times school + \beta_2 age + \beta_3 age^2)$$

其中，trans 在外来人口转换为当地户口成功时记为 1。控制变量中 city 表示城市哑变量，province 代表省份，不用城市是为了估计交互项系数时避免过强的计算负荷，school 表示教育年限，并加入了年龄及其二次项。

---

① 调查中五年前与一年前常住地只精确到了省份，所以用这种方法的缺点是无法识别省内迁移落户者。

由于加入了城市哑变量及其与教育程度的交互项篇幅太大无法报告。我们再根据这一转换概率拟合出每个流动人口转换概率的取值，并估计这一工资回归方程：

$$\ln wage_{ij} = \beta_0 p_{ij} + \beta_1 demand_j + \beta_2 p_{ij} \times demand_j + \alpha C_i + \gamma A_j + u_{ij}$$

其中，p_{ij} 表示个人 i 在城市 j 落户的概率拟合值。结果如表 3 - 6 所示。从回归结果可见，即使在控制了教育程度的情况下，户籍转换概率更高的个人要求的补偿工资越少。而从交互项上看，转换概率却并未显著提高离港口距离近时所要求的边际工资增量。

表 3 - 6　　　　外来务工者工资关于转换概率及城市需求的回归

变量	(1) 非省会直辖 lnwage	(2) 全样本 lnwage	(3) 非省会直辖加交互项 lnwage	(4) 全样本加交互项 lnwage
户籍转换概率	- 0. 339 *** (0. 110)	- 0. 353 ** (0. 128)	- 0. 386 (0. 332)	0. 0556 (0. 350)
港口距离	- 0. 195 *** (- 0. 058)	- 0. 148 *** (- 0. 036)	- 0. 200 ** (- 0. 082)	- 0. 127 *** (- 0. 041)
转换概率 × 港口距离			0. 114 (0. 742)	- 0. 942 (0. 650)
样本数	52816	93410	52816	93410
R^2	0. 376	0. 355	0. 376	0. 355

注：前述个人及城市供给主变量均已控制，限于篇幅不再报告。括号内为省份层面异方差聚类标准误。*** 、 ** 、 * 分别代表在 1% 、5% 、10% 的水平上显著。

3.4.3　户籍政策与本地职工工资

对于受劳动力流入影响的本地职工，刘学军和赵耀辉（2009）将个人按照教育程度来划分进行了工资回归。这样划分的理论基础是各教育程度组内部的替代性和组间的互补性。在此基础上布钦斯基等（Buchinsky et al. ，2014）提供了更进一步的启发。以色列在 20 世纪 90 年代左右有大量的苏联移民流入，但他们发现职业分隔使得以色列本地职工的工资并没有受到影响。我们也将划分职业类型观察流动人口带来的工资效应。

参考边燕杰和刘勇利（2005）中的做法，如表3-7所示，我们将普查中的职业划分为管理精英、专业精英和非精英三类。管理精英包括党政机关以及企事业单位负责人等，专业精英包括科研人员、工程技术、医疗商业等各行业专业人员等。边燕杰和刘勇利（2005）将普查中的职业作为社会地位的来源，用于解释家庭拥有住房情况，反映无论是计划经济的福利分房制度还是市场化住房购买的时期，社会阶层高的职业一直拥有更高的住房拥有优势。

表3-7 各类职业分类占比

职业	频数	占比（%）	累计占比（%）
非精英（参照组）	484151	81.53	81.53
管理精英	21136	3.56	85.09
专业精英	88552	14.91	100.00
总数	593839	100.00	

资料来源：2005年1%人口抽样调查。

我们针对非流动职工估计下面的实证模型，其中职业（occupation）为按上述方式划分的哑变量，相应地也以人均粮食产量作为工具变量，作2SLS回归。

$$\ln wage_{ij} = \beta_0 \ln hu_j + \beta_1 control_j + \beta_2 \ln hu_j \times control_j + \beta_3 \ln hu \times occupation$$
$$+ \alpha C_i + \gamma A_j + u_{ij}$$

对本地职工按职业分类进行的回归结果报告于表3-8 panel a；而按教育程度高低（将大专及以上归为高学历）划分进行回归的结果报告于表3-8 panel b。

Panel a 的回归（4）结果与我们的预期相符，即在非省会或直辖市，更严格的户籍政策抬高了基准组即本地非精英职工的工资，但降低了管理精英的工资溢价。这个回归中违背直觉的是管理精英变量的系数为负，这可能来自现实中合理存在但并未被纳入回归的管理精英福利所带来。而panel b 同样也只有回归（4）结果与预期相符。即仅在非省会或直辖市，高技能人才的工资会随着户籍政策的提高而下降，而在省会或直辖市这并不成立。回归（1）和回归（2）与预期相反，这可能是由于本地与外地人职业分隔的存在，而回归（6）则反映大城市的严格户籍政策仍可能捕捉到了未被观察到的其他因素。具体原因则有待未来研究探讨。

表 3-8　　　　　本地职工划分职业或教育程度的工资回归

变量	(1) OLS 非省会或直辖 lnwage	(2) OLS 全样本 lnwage	(3) IV 一阶段 非省会或直辖 户籍指数	(4) IV 二阶段 非省会或直辖 lnwage	(5) IV 一阶段 全样本 户籍指数	(6) IV 二阶段 全样本 lnwage
方法	OLS	OLS		2SLS		2SLS
panel a：关于职业						
1990 年人均粮食产量			5.39e-05 *** (1.83e-05)		-0.00228 *** (1.49e-05)	
户籍政策	-0.00467 ** (0.00182)	-0.0237 *** (0.00126)		0.183 *** (0.0333)		-0.309 *** (0.0174)
管理精英 × 户籍政策	-0.0327 *** (0.00764)	0.0125 *** (0.00433)		-1.412 *** (0.492)		0.0208 (0.0149)
专业精英 × 户籍政策	-0.0267 *** (0.00453)	0.0311 *** (0.00252)		-0.130 (0.160)		0.126 *** (0.00981)
管理精英	0.294 *** (0.0241)	0.427 *** (0.0120)		-3.861 *** (1.486)		0.421 *** (0.0370)
专业精英	0.0366 *** (0.0139)	0.188 *** (0.00701)		-0.286 (0.460)		0.419 *** (0.0246)
一阶段 F 统计值			8.66		23431.67	
样本数	113343	228342		102702		217701
R^2	0.417	0.414		0.229		0.276
panel b：关于教育程度						
1990 年人均粮食产量			5.39e-05 *** (1.83e-05)		-0.00228 *** (1.49e-05)	
户籍指数	-0.00972 *** (0.00184)	-0.0312 *** (0.00130)		0.130 *** (0.0246)		-0.317 *** (0.0175)

续表

变量	(1) OLS 非省会或直辖 lnwage	(2) OLS 全样本 lnwage	(3) IV 一阶段 非省会或直辖 户籍指数	(4) IV 二阶段 非省会或直辖 lnwage	(5) IV 一阶段 全样本 户籍指数	(6) IV 二阶段 全样本 lnwage
方法	OLS	OLS		2SLS		2SLS
panel b：关于教育程度						
高学历 × 户籍指数	−0.0137 *** (0.00421)	0.0567 *** (0.00229)		−0.291 *** (0.0898)		0.147 *** (0.00828)
一阶段 F 统计值			8.66		23431.67	
样本数	113343	228342		102702		217701
R^2	0.403	0.400		0.373		0.263

注：前述个人城市特征以及供给需求代理变量均已控制，限于篇幅不再报告。括号内是异方差稳健标准误。 *** 、 ** 、 * 分别代表在 1% 、5% 、10% 的水平上显著。

3.5 总　　结

　　从 2000 年至 2016 年，我国人户分离人数从 1.44 亿提高到 2.92 亿。考虑到这些人群都面临着与户口相关的医疗教育社保等需求，户籍政策的影响范围是巨大的。在这些背景下，改善广大流动人口社会福利的呼声渐高，而在农村居民收入水平不断提高，城乡收入差距逐渐缩小的背景下，各地政府吸引人力资本的范围逐渐从高端人力资本扩张到所有人力资本似乎是应有的趋势。财政分权、经济增长目标下的地方政府有动机通过补贴生产要素来吸引劳动力和资本的流入。因此地方自发的户籍政策改革的可能性取决于户籍政策的劳动力成本效应[①]。一旦刘易斯拐点到来，农村劳动力变得稀缺，那么户籍政策的劳动力成本效应对于政策制定将会是非常重要的信息。

　　本章利用 2005 年 1% 人口抽样调查数据和张吉鹏（2017）估算出的

　　[①]　注意到由于政府提供公共服务的成本有规模效应，所以服务成本与外来人口对公共服务的估价可能是不对等的。而政府若进行政策改革试验也需要耗费大量成本。因此我们认为户籍政策的劳动力成本效应即使对于政府来说也是不易获知的。

120个城市的落户门槛指数，发现了户籍政策抬高劳动力成本的证据。基于的原理是一个城市的外来务工者在面临会降低其期望效用的更严格户籍政策时，会要求更高的工资补偿。这一猜想起源于我们对一线城市的观察：留在一线城市的高校毕业生中，没有获得户口的需要更高的工资才愿意留下来，而能获得户口者则愿意接受较低的工资。这一观察也被封世蓝等（2017）所支持。

我们验证了在非省会直辖市和全样本城市中，户籍指数提高一单位分别会使得流动职工工资上升1.9%和0.26%。我们还进一步分析了城市的人力资本供求等因素与户籍政策的交互效应。离港口更近、高校数量越多、城市附近农业人口越少，低技能职工的工资水平就越高，而更严格的户籍政策则强化了这些趋势。回归结果同时也表明更高的低类型劳动力供给确实能减缓户籍政策抬高劳动力成本的效应。相比之下，高技能职工工资水平显著受到户籍指数与上述劳动力供求因素的影响，但户籍指数与这些变量的交互项是不显著的。

接下来我们还验证了个人户籍转换概率越高时，要求的工资补偿也越低，而本地职工工资受户籍政策的影响，则与其职业与低类型劳动力的互补替代性有关，管理精英和专业精英相对于"非精英"职工的工资溢价随着户籍政策更严格而下降。

我们的结果表明，户籍政策虽能显著抬高劳动力成本，但幅度较小。因此地方政府自发通过放宽户籍政策来吸引外来劳动力、降低劳动力成本的动机仍然会较弱。普遍的户籍政策放宽、更自由的城乡及城际劳动力流动可能还须以"自上而下"的政策手段和中央对放宽户籍政策、承受更高的财政压力的城市给予财政补贴的方式来实现。

第4章

流动人口收入分配问题分析

4.1 引 言

根据国家统计局公布的数据，近年来我国整体基尼系数有平稳下降趋势。但同时，国内的一些学术研究发现我国也出现了整体收入极化趋势，即高收入和低收入就业岗位占比增加，中间收入就业岗位占比下降。收入不平等和收入极化是两个相关但不同的现象，基尼系数衡量的是收入分布的离散程度，而极化指标衡量的则是收入分布中的群聚现象，下降的收入差距可以和上升的收入极化程度并存。收入差距问题不仅仅是个体间收入、均值或是极差的对比，也影响着国民生活水平的实质性提升，决定了发展成果能否惠及更广大民众，更关乎国家经济发展及社会稳定。

当前，我国经济已由高速增长阶段转向高质量发展阶段，经济高质量发展很大程度上体现在中等收入群体比例的明显提高，中等收入群体已经成为消费结构升级的"主力军"。党的十九大报告将"中等收入群体比例明显提高"纳入两步走战略。扩大中等收入群体，是形成合理的利益结构、构筑可持续发展的"橄榄型"社会结构的基础，关系全面建成小康社会与建设现代化强国目标的实现。因此，为了推进"橄榄型"社会的形成，确保更广大民众共享改革成果，促进经济平稳高质量发展，维持社会稳定和谐，研究我国的收入差距问题和收入极化程度及其影响因素至关重要。

作为劳动力市场极化的后果之一，收入极化（income polarization）也是劳动经济学者关注之一。就收入极化本身而言，其与一般而言的收入不平等存在差别，后者强调人们之间的收入差距，统计上以收入分布的离散程度来测度，而前者则还需强调个体在局部的聚集情况。因而收入极化不仅说明人们的收入差距越来越大，而且是聚集在了高收入和低收入两端，中等收入的人群比例在不断缩减。收入极化的产生与社会冲突等负面事件的关联性使得对其的分析研究显得尤为重要。

　　一直以来，收入不平等的问题都受到广泛关注，也存在大量对收入不平等问题的研究文献。相对而言，收入极化则是从 20 世纪 90 年代才被引入相关议题的研究中。埃斯特班和雷（Esteban and Ray，1994）、福斯特和沃尔夫森（Foster and Wolfson，1992）以及沃尔夫森（Wolfson，1994，1997）都对不平等和极化的概念做了阐释和区分。其中伊斯特班和雷认为，"极化"描述了一种向局部聚集的趋势，每一个聚集组内部成员之间的属性（比如收入）差异可能非常小，但是组间则存在较大的分化。一个具有高度"极化"特征的社会有可能只呈现出较低的"不平等"测度特征，因为组内成员之间的相似性很大程度上缓解甚至抹平了整个社会的整体离散性，而这正是过去不平等测量方法的局限性。特别地，对于经济学上的"增长趋同"（economic convergence）问题，如果低增速发展经济体与高增速经济体各自趋同于它们的平均水平，那么将会形成两个发展极，整个世界的极化程度增加，但根据道尔顿准则测度的不平等程度就会下降。因而伊斯特班和雷认为，对于"极化"与"不平等"的区别有助于我们看清目前的全球发展状况到底是趋同还是分化。进一步地，柯（Quah，1996）的研究表明世界财富分配正趋向于一个两头大、中间小的格局，中等收入人群成了"正在消失的阶层"（a vanishing class）。

　　埃兹库拉（Ezcurra，2009）利用 1993~2003 年欧洲八个国家 61 个地区的数据研究国家内部极化程度，结果发现不同国家之间极化程度差异很大，并且与地区经济发展呈现负相关关系。加斯帕里尼等（Gasparini et al.，2007）则利用 1984~2004 年的家庭调查数据研究了拉丁美洲和加勒比地区的极化程度，发现该地区极化程度很高，而且呈现上升趋势，同时与社会冲突发生的关联性要强于贫困指标。阿利奇、坎滕加和索莱（Ali Alichi, Kory Kantenga and Juan Solé，2016）则利用多个数据库组合研究了1970 年以来美国的收入极化问题，发现美国在 2000 年之前更多的中等收入家庭实现了在收入阶层中的爬升，但在世纪之交后极化程度逐渐提高。同时，文章发现极化程度的上升影响了美国家庭的边际消费倾向，根据反事实研究得出二者的共同作用使得美国的总消费降低了3.5%。

在对中国的研究上，张和坎布尔（Zhang and Kanbur，2001）发现中国内陆和沿海地区存在较大的极化且程度不断加深，而城乡之间的情况更为严重，但其之间的差距已经呈现收敛之势。阿拉尔（Araar，2008）则聚焦于1986~2002年的中国农村地区，发现这段时期农村地区极化程度不断加深，与不平等的相关程度也非常高。博纳丰和克莱门特（Bonnefond and Clément，2012）使用中国健康营养调查（CHNS）发现中国的极化程度在1989~1997年间保持稳定，但在1997~2006年间上升，这种上升在城镇样本中更为明显。同时文章还发现农村地区极化程度的升高与乡镇企业的出现与扩张相关。王和万（Wang and Wan，2015）利用中国统计年鉴中的分组收入数据构建了1978~2010年全中国、农村和城市的极化概况，并对估计的收入极化进行了人口亚群分解。分析结果表明，1978年至2010年，我国收入极化呈现出明显的上升趋势，其中农村居民收入极化较大且呈上升趋势，城市居民收入极化较低且呈下降趋势，流动人口的极化也有所下降；从地理上看，东部地区收入分化加剧，尤其是中部地区，而西部地区收入分化最为严重，且随时间变化不大。

总体而言，目前对于中国极化现象的现有研究并不算十分充裕，大多文献仍聚焦于收入差距问题。但鉴于它导致社会阶层分化与固化、激化社会冲突、削弱社会可持续发展能力的恶劣影响，研究极化问题具有极强的现实意义与紧迫性。由于我国庞大的流动人口数量，且流动人口在经济发展和整体收入分布变动中起到重要作用，故而本章使用国家卫生健康委员会针对流动人口进行的大样本调查及中国综合社会调查（Chinese General Social Survey，CGSS）数据，分析流动人口内部收入不平等和收入极化趋势。

4.2　流动人口内部收入差距有扩大趋势

我们首先使用2011~2017年中国流动人口动态监测调查提供的流动

人口收入数据计算全国及各省份收入的基尼系数，反映收入不平等变动状况，结果如表 4 - 1、表 4 - 2 所示。在流动人口内部，有城镇户籍和农村户籍两大类，城镇户籍流动人口内部收入不平等程度稍高；就流动范围来看，又有跨县区和跨市、跨省份之分。为讨论城乡之间的流动对缩小城乡差距的影响，我们主要考虑现在居住在城镇的流动人口样本（下文简称的"流动人口"均指代此样本）以及现在居住在存在的农村户籍流动人口样本（以下简称"农民工"）。我们发现几乎所有省份的收入不平等程度都有提高趋势，整体而言流动人口样本的基尼系数稍高但二者差别不大，两个样本的全国基尼系数变化趋势也基本一致，从 2011 年的 0.28（0.25）上升到 2017 年的 0.36（0.35）。当然，这个基尼系数的绝对值仍然较小，全国和各省份的基尼系数在 2017 年都小于 0.4 的一般公认警戒线水平。而统计局公布 2017 年全国基尼系数已经达到 0.467。

表 4 - 1　　全国及各省份基尼系数变化趋势：流动人口样本

地区	2011 年	2012 年	2013 年	2014 年	2015 年	2016 年	2017 年
北京	0.36	0.39	0.34	0.37	0.41	0.40	0.41
天津	0.27	0.31	0.30	0.31	0.33	0.34	0.34
河北	0.26	0.30	0.29	0.27	0.28	0.32	0.32
山西	0.30	0.30	0.32	0.30	0.33	0.30	0.34
内蒙古	0.28	0.39	0.29	0.32	0.32	0.29	0.33
辽宁	0.23	0.30	0.26	0.30	0.29	0.30	0.30
吉林	0.28	0.33	0.29	0.31	0.28	0.30	0.30
黑龙江	0.23	0.34	0.30	0.31	0.27	0.28	0.30
上海	0.34	0.37	0.34	0.40	0.40	0.39	0.39
江苏	0.23	0.28	0.29	0.33	0.31	0.32	0.31
浙江	0.21	0.31	0.29	0.35	0.33	0.34	0.34
安徽	0.28	0.36	0.32	0.33	0.32	0.34	0.34
福建	0.22	0.29	0.28	0.30	0.30	0.32	0.32
江西	0.25	0.34	0.30	0.35	0.31	0.33	0.31
山东	0.23	0.29	0.28	0.28	0.27	0.30	0.31

续表

地区	2011 年	2012 年	2013 年	2014 年	2015 年	2016 年	2017 年
河南	0.22	0.33	0.32	0.31	0.28	0.32	0.33
湖北	0.25	0.33	0.33	0.34	0.31	0.33	0.36
湖南	0.25	0.34	0.31	0.33	0.31	0.35	0.33
广东	0.27	0.32	0.29	0.31	0.33	0.34	0.35
广西	0.28	0.40	0.33	0.37	0.37	0.36	0.36
海南	0.27	0.34	0.31	0.35	0.34	0.34	0.37
重庆	0.25	0.31	0.26	0.28	0.31	0.30	0.32
四川	0.24	0.31	0.31	0.29	0.30	0.32	0.32
贵州	0.27	0.39	0.35	0.35	0.38	0.38	0.37
云南	0.26	0.38	0.33	0.36	0.35	0.37	0.39
西藏	0.26	0.45	0.29	0.38	0.40	0.31	0.32
陕西	0.30	0.38	0.33	0.33	0.30	0.33	0.33
甘肃	0.29	0.38	0.34	0.36	0.35	0.38	0.35
青海	0.27	0.37	0.33	0.35	0.33	0.35	0.36
宁夏	0.24	0.37	0.30	0.34	0.33	0.33	0.34
新疆	0.27	0.32	0.29	0.33	0.33	0.34	0.32
全国	0.28	0.35	0.31	0.34	0.34	0.35	0.36

资料来源：全国流动人口动态监测数据，下同。

表 4 - 2　　　　全国及各省份基尼系数变化趋势：农民工样本

地区	2011 年	2012 年	2013 年	2014 年	2015 年	2016 年	2017 年
北京	0.29	0.38	0.28	0.35	0.41	0.38	0.39
天津	0.25	0.30	0.30	0.31	0.33	0.34	0.35
河北	0.26	0.28	0.29	0.27	0.28	0.32	0.31
山西	0.30	0.30	0.31	0.31	0.34	0.31	0.34
内蒙古	0.28	0.40	0.29	0.33	0.34	0.29	0.33
辽宁	0.22	0.28	0.25	0.27	0.27	0.28	0.30
吉林	0.28	0.32	0.29	0.31	0.28	0.30	0.31

续表

地区	2011 年	2012 年	2013 年	2014 年	2015 年	2016 年	2017 年
黑龙江	0.24	0.35	0.30	0.30	0.28	0.27	0.32
上海	0.29	0.34	0.31	0.36	0.36	0.38	0.37
江苏	0.20	0.26	0.28	0.29	0.29	0.33	0.30
浙江	0.21	0.30	0.29	0.35	0.33	0.32	0.33
安徽	0.27	0.36	0.32	0.32	0.32	0.34	0.34
福建	0.21	0.29	0.27	0.31	0.27	0.31	0.31
江西	0.24	0.35	0.31	0.33	0.31	0.33	0.32
山东	0.22	0.28	0.27	0.28	0.27	0.30	0.31
河南	0.21	0.33	0.32	0.31	0.28	0.31	0.33
湖北	0.24	0.33	0.32	0.34	0.31	0.33	0.36
湖南	0.24	0.34	0.31	0.33	0.31	0.35	0.33
广东	0.24	0.30	0.27	0.30	0.31	0.32	0.33
广西	0.26	0.40	0.33	0.37	0.37	0.35	0.37
海南	0.26	0.33	0.30	0.35	0.32	0.33	0.37
重庆	0.24	0.31	0.26	0.29	0.31	0.30	0.31
四川	0.24	0.31	0.30	0.30	0.30	0.31	0.31
贵州	0.26	0.40	0.35	0.36	0.39	0.39	0.37
云南	0.26	0.38	0.32	0.36	0.35	0.36	0.39
西藏	0.26	0.45	0.29	0.34	0.39	0.30	0.31
陕西	0.30	0.38	0.33	0.34	0.30	0.33	0.34
甘肃	0.26	0.37	0.34	0.36	0.35	0.37	0.35
青海	0.26	0.37	0.34	0.36	0.33	0.36	0.37
宁夏	0.24	0.38	0.31	0.35	0.34	0.34	0.34
新疆	0.26	0.31	0.29	0.33	0.33	0.34	0.33
全国	0.25	0.34	0.30	0.33	0.32	0.34	0.35

4.3　流动人口内部收入不平等状况

　　流动人口内部收入不平等水平低于统计局公布的全国总体不平等水平，这比较符合经济理论预期。由于流动人口就业相对灵活，容易快速转移向收入高的岗位，收入差距扩大会受到抑制，因此近年流动人口内部收入不平等的扩大值得深究。中国流动人口动态监测调查数据中职业大致有18类，我们将其按照平均收入进行排序，并计算每一类职业就业占总就业比重。进而，我们计算从 2011 年至 2017 年每一类职业就业占比的变化，结果如图 4-1 所示（快递职业出现较晚，因此只列出 17 类岗位就业占比变动）。可以看到，平均收入最高的岗位就业占比增加最明显，这主要来自经商者比例增加。中等收入岗位就业占比稍微下降，主要是生产线、运输、餐饮、建筑及小商贩就业占比下降。低收入岗位就业占比稍增，主要来自保安、保洁、家政、农林牧渔相关岗位占比的轻微增加。中

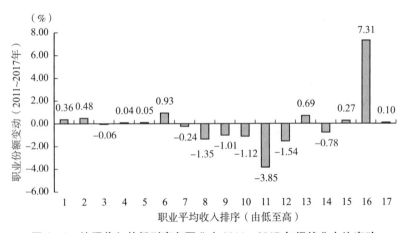

图 4-1　按照收入从低到高各职业在 2011～2017 年间就业占比变动

　　注：1 表示保洁，2 表示保安，3 表示无固定职业，4 表示家政人员，5 表示农、林、牧、渔、水利业生产人员，6 表示其他商业、服务业人员，7 表示生产、运输设备操作人员及有关人员，8 表示餐饮业人员，9 表示其他生产业人员，10 表示公务员、办事人员和有关人员，11 表示商贩，12 表示建筑业人员，13 表示专业技术人员，14 表示运输业人员，15 表示装修业人员，16 表示商业人员，17 表示国家机关人员。

间层收入就业占比下降也反映了流动人口内部收入出现极化的趋势，即流动人口收入不平等水平提高主要来自内部高收入群体占比的较大增长及低收入群体的略微增加。

4.4　流动人口收入极化程度的增长趋势

近些年，美欧为代表的发达国家普遍出现了劳动力市场上的收入极化现象。这个现象引发了较多相关学术研究。少数研究发现中国整体的收入极化程度也在提高。通过图 4 - 1 各就业岗位就业占比变动，我们可以看到流动人口内部存在收入极化趋势，本章下面也使用常用的极化指标进行进一步测算。

目前计算收入极化程度的指标有多种，本章使用沃尔夫森（Wolfson，1994）提出的极化指数（简称 W 指数）方法和杜克洛斯（Duclos，2004）完善的极化 DER 指数这两种常用算法进行计算：W 指数 $P_W = 2\mu(2T - G)/m$，其中 $T = 0.5 - L(0.5)$，指的是收入较低的 50% 人口的人口份额（即 0.5）与收入份额之差，G 为基尼系数，m 为收入的中位数，μ 为收入的算术平均数，使用以上形式来标准化指数使其取值介于 0 到 1 之间；DER 指数 $P_{DER} = \iint f^{1+\alpha}(x)f(y)\,|x - y|\,\mathrm{d}x\mathrm{d}y$，其中 $f(x)$ 和 $f(y)$ 为收入分布的密度函数，α 取值介于 0 到 0.25 之间，取 0 则退化为基尼系数，杜克洛斯（Duclos，2004）从连续函数角度分析了收入极化指标。两个指数都是介于 0 和 1 之间，且数值越大代表极化程度越高；而这两个指标的主要区别在于 W 指数适用于双峰分布，以中位数作为分组依据，DER 指数则适用于多极分化。

表 4 - 3 ~ 表 4 - 6 分别使用 2011 ~ 2017 年中国流动人口动态监测调查提供的流动人口样本和农民工样本收入数据计算全国及各省份收入的 DER 指数及 W 指数，以反映收入极化的变化趋势。与基尼系数的变动情况类似，依然是流动人口样本的极化指数稍高，大体上所有省份流动人口内部的极化程度都有提高趋势，各省份 DER 指数的增长趋势也与全国数据基本一致，在 2012 年大幅提升，之后年份波动增长。两种极化指数之间则

是 DER 指数较高，可能是因为双峰分布不大适用于流动人口收入分布情况，故而 W 指数测算的极化程度偏低。

表 4-3   全国及各省份流动人口 DER 指数变化趋势：流动人口样本

地区	2011 年	2012 年	2013 年	2014 年	2015 年	2016 年	2017 年
北京	0.24	0.28	0.25	0.28	0.29	0.27	0.27
天津	0.20	0.23	0.22	0.23	0.25	0.23	0.26
河北	0.19	0.23	0.23	0.21	0.25	0.23	0.22
山西	0.21	0.23	0.23	0.23	0.23	0.23	0.23
内蒙古	0.20	0.26	0.22	0.22	0.22	0.21	0.22
辽宁	0.19	0.24	0.21	0.23	0.24	0.24	0.22
吉林	0.20	0.26	0.22	0.23	0.21	0.22	0.21
黑龙江	0.19	0.25	0.23	0.27	0.21	0.22	0.21
上海	0.23	0.31	0.26	0.29	0.28	0.26	0.26
江苏	0.19	0.24	0.24	0.28	0.26	0.23	0.23
浙江	0.18	0.24	0.22	0.29	0.27	0.27	0.25
安徽	0.20	0.26	0.24	0.24	0.23	0.25	0.23
福建	0.17	0.22	0.21	0.23	0.21	0.24	0.22
江西	0.19	0.27	0.23	0.26	0.23	0.23	0.22
山东	0.18	0.25	0.23	0.23	0.22	0.23	0.23
河南	0.17	0.25	0.23	0.26	0.22	0.23	0.23
湖北	0.19	0.26	0.25	0.27	0.23	0.24	0.25
湖南	0.19	0.25	0.25	0.27	0.24	0.25	0.23
广东	0.21	0.27	0.23	0.26	0.27	0.24	0.24
广西	0.20	0.28	0.24	0.27	0.26	0.24	0.24
海南	0.20	0.24	0.22	0.24	0.23	0.24	0.24
重庆	0.20	0.25	0.22	0.23	0.25	0.22	0.23
四川	0.19	0.23	0.23	0.23	0.24	0.23	0.23
贵州	0.20	0.26	0.24	0.25	0.25	0.25	0.24
云南	0.19	0.28	0.24	0.28	0.24	0.28	0.27

续表

地区	2011 年	2012 年	2013 年	2014 年	2015 年	2016 年	2017 年
西藏	0.19	0.31	0.21	0.26	0.25	0.21	0.22
陕西	0.21	0.25	0.23	0.24	0.21	0.22	0.23
甘肃	0.21	0.28	0.25	0.27	0.23	0.24	0.23
青海	0.20	0.27	0.24	0.25	0.22	0.23	0.23
宁夏	0.18	0.27	0.22	0.23	0.22	0.22	0.22
新疆	0.19	0.25	0.22	0.24	0.24	0.26	0.23
全国	0.27	0.51	0.42	0.50	0.45	0.47	0.48

表 4－4　　全国及各省份流动人口 DER 指数变化趋势：农民工样本

地区	2011 年	2012 年	2013 年	2014 年	2015 年	2016 年	2017 年
北京	0.20	0.28	0.22	0.26	0.29	0.25	0.25
天津	0.19	0.23	0.22	0.24	0.24	0.23	0.24
河北	0.19	0.21	0.22	0.21	0.22	0.23	0.22
山西	0.21	0.22	0.23	0.22	0.24	0.22	0.23
内蒙古	0.20	0.27	0.22	0.22	0.22	0.22	0.22
辽宁	0.18	0.23	0.20	0.20	0.22	0.22	0.22
吉林	0.20	0.24	0.22	0.23	0.21	0.21	0.21
黑龙江	0.19	0.24	0.22	0.27	0.20	0.20	0.21
上海	0.21	0.28	0.23	0.28	0.26	0.25	0.25
江苏	0.18	0.22	0.23	0.25	0.24	0.23	0.25
浙江	0.17	0.24	0.22	0.28	0.26	0.22	0.24
安徽	0.20	0.25	0.24	0.24	0.23	0.24	0.23
福建	0.17	0.21	0.21	0.24	0.20	0.23	0.23
江西	0.18	0.27	0.23	0.24	0.22	0.23	0.22
山东	0.18	0.24	0.23	0.22	0.21	0.22	0.23
河南	0.17	0.25	0.23	0.25	0.22	0.22	0.23
湖北	0.19	0.25	0.24	0.26	0.22	0.23	0.24
湖南	0.18	0.25	0.25	0.27	0.23	0.24	0.23

续表

地区	2011 年	2012 年	2013 年	2014 年	2015 年	2016 年	2017 年
广东	0.19	0.25	0.22	0.26	0.27	0.24	0.26
广西	0.19	0.27	0.23	0.28	0.25	0.23	0.23
海南	0.19	0.23	0.21	0.24	0.22	0.22	0.24
重庆	0.19	0.24	0.21	0.22	0.24	0.21	0.22
四川	0.18	0.23	0.23	0.22	0.23	0.22	0.22
贵州	0.19	0.26	0.23	0.23	0.24	0.25	0.23
云南	0.19	0.29	0.24	0.27	0.24	0.27	0.28
西藏	0.18	0.30	0.21	0.24	0.27	0.21	0.21
陕西	0.21	0.25	0.23	0.24	0.21	0.22	0.23
甘肃	0.20	0.27	0.24	0.27	0.25	0.23	0.23
青海	0.19	0.27	0.24	0.25	0.22	0.23	0.23
宁夏	0.18	0.27	0.22	0.23	0.23	0.22	0.22
新疆	0.20	0.23	0.22	0.25	0.23	0.23	0.22
全国	0.25	0.46	0.40	0.45	0.41	0.41	0.43

表 4 - 5　　　　全国及各省份流动人口 W 指数变化趋势：流动人口样本

地区	2011 年	2012 年	2013 年	2014 年	2015 年	2016 年	2017 年
北京	0.28	0.30	0.26	0.29	0.32	0.32	0.39
天津	0.24	0.23	0.20	0.23	0.24	0.25	0.25
河北	0.21	0.25	0.22	0.18	0.19	0.20	0.25
山西	0.28	0.25	0.27	0.21	0.22	0.21	0.23
内蒙古	0.24	0.26	0.20	0.23	0.21	0.21	0.25
辽宁	0.17	0.22	0.20	0.17	0.19	0.21	0.23
吉林	0.23	0.27	0.24	0.20	0.20	0.22	0.21
黑龙江	0.17	0.28	0.24	0.22	0.19	0.19	0.20
上海	0.28	0.28	0.28	0.33	0.28	0.31	0.33
江苏	0.17	0.20	0.19	0.21	0.22	0.23	0.22
浙江	0.17	0.21	0.18	0.21	0.23	0.22	0.23

续表

地区	2011 年	2012 年	2013 年	2014 年	2015 年	2016 年	2017 年
安徽	0.22	0.26	0.23	0.22	0.26	0.27	0.25
福建	0.17	0.22	0.17	0.19	0.22	0.23	0.22
江西	0.19	0.28	0.24	0.19	0.24	0.22	0.24
山东	0.16	0.23	0.22	0.17	0.21	0.24	0.22
河南	0.16	0.21	0.26	0.22	0.19	0.23	0.23
湖北	0.21	0.29	0.28	0.22	0.23	0.25	0.28
湖南	0.20	0.28	0.25	0.23	0.24	0.24	0.23
广东	0.21	0.23	0.19	0.20	0.22	0.23	0.23
广西	0.23	0.27	0.27	0.25	0.22	0.23	0.25
海南	0.22	0.24	0.22	0.23	0.26	0.25	0.27
重庆	0.19	0.26	0.21	0.19	0.21	0.21	0.24
四川	0.18	0.22	0.26	0.22	0.21	0.22	0.23
贵州	0.23	0.28	0.24	0.22	0.29	0.28	0.27
云南	0.22	0.28	0.26	0.26	0.24	0.25	0.26
西藏	0.21	0.26	0.23	0.24	0.25	0.22	0.23
陕西	0.26	0.31	0.26	0.22	0.22	0.22	0.24
甘肃	0.23	0.32	0.23	0.23	0.24	0.26	0.28
青海	0.23	0.26	0.24	0.22	0.24	0.25	0.30
宁夏	0.20	0.25	0.21	0.20	0.21	0.23	0.24
新疆	0.20	0.24	0.19	0.21	0.22	0.22	0.26
全国	0.20	0.26	0.22	0.22	0.26	0.29	0.27

表 4-6　　　　全国及各省份流动人口 W 指数变化趋势：农民工样本

地区	2011 年	2012 年	2013 年	2014 年	2015 年	2016 年	2017 年
北京	0.23	0.28	0.19	0.27	0.29	0.29	0.32
天津	0.24	0.24	0.19	0.21	0.24	0.24	0.27
河北	0.20	0.21	0.22	0.19	0.20	0.20	0.22
山西	0.25	0.25	0.26	0.22	0.23	0.22	0.24

续表

地区	2011 年	2012 年	2013 年	2014 年	2015 年	2016 年	2017 年
内蒙古	0.24	0.27	0.21	0.23	0.22	0.21	0.23
辽宁	0.16	0.23	0.20	0.17	0.18	0.20	0.21
吉林	0.23	0.28	0.24	0.20	0.20	0.22	0.22
黑龙江	0.18	0.25	0.25	0.22	0.19	0.19	0.21
上海	0.20	0.22	0.20	0.25	0.23	0.26	0.26
江苏	0.16	0.20	0.18	0.21	0.20	0.23	0.21
浙江	0.17	0.20	0.18	0.21	0.22	0.22	0.22
安徽	0.21	0.27	0.24	0.22	0.26	0.27	0.25
福建	0.17	0.22	0.16	0.19	0.21	0.22	0.21
江西	0.19	0.26	0.25	0.19	0.24	0.22	0.22
山东	0.15	0.23	0.22	0.17	0.21	0.25	0.22
河南	0.15	0.21	0.26	0.23	0.19	0.23	0.23
湖北	0.21	0.29	0.28	0.22	0.23	0.24	0.26
湖南	0.19	0.27	0.25	0.24	0.23	0.24	0.23
广东	0.19	0.20	0.19	0.18	0.21	0.22	0.22
广西	0.20	0.26	0.25	0.24	0.22	0.23	0.24
海南	0.21	0.24	0.22	0.23	0.26	0.24	0.29
重庆	0.20	0.22	0.22	0.19	0.20	0.20	0.22
四川	0.18	0.21	0.26	0.24	0.21	0.22	0.22
贵州	0.23	0.30	0.26	0.22	0.28	0.28	0.27
云南	0.21	0.30	0.24	0.28	0.24	0.27	0.26
西藏	0.21	0.26	0.23	0.23	0.24	0.21	0.23
陕西	0.27	0.31	0.28	0.23	0.22	0.21	0.24
甘肃	0.23	0.27	0.23	0.23	0.24	0.26	0.25
青海	0.23	0.26	0.27	0.22	0.24	0.26	0.26
宁夏	0.20	0.25	0.23	0.20	0.21	0.24	0.24
新疆	0.19	0.23	0.19	0.21	0.21	0.22	0.23
全国	0.19	0.25	0.23	0.21	0.24	0.25	0.26

进而通过图4-2可以看到，使用中国流动人口动态监测调查数据计算的结果表明，全国范围内两种极化指数都呈现出在波动中略有增长的趋势，特别是2012年相比于2011年增长幅度较大，而后期则相对稳定稍有增长，增长特征较为相似。

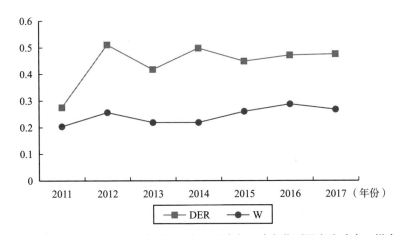

图4-2 两种极化指数变动趋势：中国流动人口动态监测调查流动人口样本

4.5 流动人口收入不平等及极化 变动趋势背后动因分析

已有的关于我国收入不平等的研究显示，影响不平等的因素既包括制度层面的市场分割、垄断等因素，也包括技术进步和产业变动、人口结构变动等因素。但是，由于我们分析的对象是流动人口，其内部收入分布变动应该主要来自技术进步、产业变动和人口结构变动。

近年，我国第三产业就业和产值已经超过第二产业，农民工就业中在生产与建筑等行业就业占比有所下降。由于这些都属于中间收入阶层，因此导致了扩大的收入不平等和收入极化的问题。

不同人力资本的个体收入将会有显著区别，因此人口结构的变化能够一定程度解释流动人口内部收入不平等和极化扩大。我们对几个重要人口结构变动加以简要总结。

第一，年龄因素。按照已有的学术研究结论，老年人口往往退出复杂和精力投入较大的工作，分化进入一些非常规如门卫、清洁等低端工作或凭借经验在知识性的高端工作就业。在老龄化的背景下，我国流动人口平均年龄也在不断增大。从流动人口监测数据中可以看到，流动人口平均年龄已经从 2011 年的 34.41 岁上升到 2017 年的 37.66 岁。当只对 18 ~ 59 岁劳动年龄人口进行统计时，男性 50 ~ 59 岁流动人口占此年龄段总人口比重上升了 4.48%，女性上升了 5.59%，总计上升超过 10%。对应的 18 ~ 50 岁人口占比下降超过 10%。老年流动人口比重上升是流动人口收入极化趋势的一个重要原因。按照流动人口监测数据，我们看到了流动人口收入与年龄间的倒 U 形关系，即中年人口收入最高，老年人口平均收入下降，但是，老年人口的年龄与收入呈现出正 U 形曲线关系，即随着年龄增大，收入高和收入低者都增加。老龄人口趋势和老龄化收入特征能够较好解释流动人口收入不平等和极化趋势。

第二，教育因素。平均而言，流动人口受教育水平在不断提高，表现为高中及以上受教育人口占比从 2011 年到 2017 年提高了 5.22%。这些高教育水平流动人口增加了高收入岗位人口比例，是收入差距扩大和极化的重要原因。接下来我们按照三个对人口组别分类的维度进行分组求收入极化指标，计算的结果显示，在对性别分组和对年龄分组的结果中，整体收入极化指标和组内的收入极化指标大多呈现出整体同趋势变动，相互交错的形态。但在对受教育程度求组内极化指标时，组内的指标整体上被压在总体指标之下，有时还会比总体指标低非常多。图 4-3 通过中国流动人口动态监测调查数据中对按不同受教育程度所分的人口组别分组计算收入极化指标，我们发现各组组内的指标均被压在总体指标之下，这种情况源自部分的收入极化产生于不同的受教育组之间，因此一旦进行分组计算收入极化指标时，这种组间的极化情况就被忽略了，反映了收入整体的极化可以被不同受教育程度组别之间的收入差距所解释。通过类似的分组计算，结果表明存在于不同受教育组之间的收入差距和分布差异要远大于年龄和性别之间。图 4-3 显示各个组内值与总体值在 2011 年至 2017 年间 DER 指数的变化趋势整体保持一致，且其中初中组的极化程度较高，其次为高中组，大学及以上组和小学及以下组的 DER 指数相对较小。

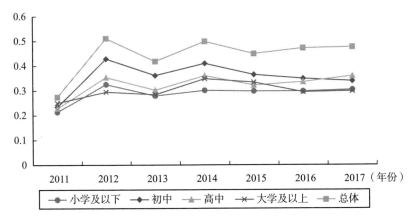

图4-3 DER 指数（按受教育程度分组）：中国流动人口
动态监测调查流动人口样本

　　第三，性别因素。女性在流动人口中比例稍有提高，从 2011 年到 2017 年占流动人口比提高了 0.26%。由于女性从事职业多为收入较低职业，女性占比提高也对低收入群体增长有一定解释作用。

　　第四，在流动人口结构变动之外，流动人口就业于不同收入层岗位的比例变动对于极化指数的增长也至关重要。由 4.2 节的讨论可知，平均收入最高的岗位就业占比增加最明显，中等收入岗位就业占比稍微下降，低收入岗位就业占比稍增，中间层收入就业占比下降以及高、低收入层占比上升也反映了流动人口内部收入出现极化的趋势。阿拉尔（Araar，2008）提出可以将 DER 指数按照分组成分，分解成组间和组内部分。DER 指数分解可以表达成以下的形式：$P = \sum_g \phi_g^{1+\alpha} \varphi_g^{1-\alpha} R_g P_g + \bar{P}$，其中 $R_g = \dfrac{\int a_g(x)\pi_g(x)f(x)^{1+\alpha}\mathrm{d}x}{\varphi_g \int a_g(x)f_g(x)^{1+\alpha}\mathrm{d}x}$，$\pi_g(x)$ 表示 g 组内收入为 x 的组内人口份额。第一项构成了 DER 指数的组内成分；第二项为当组内成员收入等同平均收入时（不存在极化）的 DER 指数，构成了 DER 分解的组间成分。那么接下来我们根据阿拉尔的方法对极化指标按职业进行分解，如图 4-4 中 DER 指数的分解结果显示，整体来看组间成分远远大于组内成分，而且组间成分和组内成分与总体值的变动基本保持一致，组内成分除在

2012 年从 0.021 大幅增至 0.052 之外,在考察期间一直保持在 0.04 ~ 0.05,而组间成分则表现出波动上升的趋势,驱动了整体 DER 指数的上升。这也说明了不同职业之间的收入差距是构成整体收入极化的主要来源。

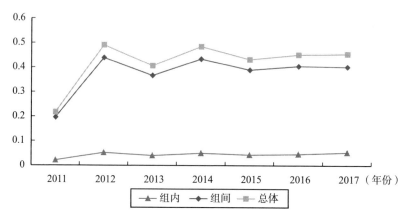

图 4 - 4 DER 指数 (按职业分解):中国流动人口动态监测调查流动人口样本

此外,还有一些其他因素导致了流动人口收入差距和极化扩大趋势。这包括流动人口就业地点以及选择性落户等因素。目前,流动人口流动特征有两个趋势:一是继续向大城市聚集,比如流动到北京的流动人口占比从 2011 年的 6.44% 增长到 2017 年的 7.11%。二是跨省份流动减少返省流动现象增加,跨省份流动占比从 2011 年的 68.24% 下降到 2017 年的 66.02%,省内跨市流动占比从 2011 年的 23.57% 上升到 2017 年的 25.14%,市内跨县流动占比从 2011 年的 7.94% 上升到 2017 年的 8.73%。由于大城市收入较高和返乡一般会稍微降低收入,这两个趋势并存使得流动人口收入差距扩大并出现极化趋势。另外,由于我们的研究对象是流动人口,即户籍不在居住城市的人口,而在过去几年国家大力放开户籍制度,部分流动人口已经落户中小城市从而退出分析样本,这部分人口多数属于中等收入群体。这个选择性落户现象也客观上增加了剩余流动人口样本计算的收入不平等和极化程度。

4.6　流动人口收入在整体居民中的分布

为了解流动人口在整体居民中的收入分布水平及其与城乡常住人口的整体收入状况比较，我们采用 CGSS 数据分人口样本计算其各分位数收入、基尼系数和极化指数。由于 CGSS 数据库中的样本量较小，无收入群体占比稍大，个别极端值会对计算结果造成干扰，所以我们排除了年收入为 0 以及年收入超过百万的样本进行相应计算。

表 4 - 7 和图 4 - 5 描述了使用 CGSS 数据计算的现居城镇的流动人口与整体居民收入分布的对比变动。可以看到，现居城镇的流动人口收入在年收入均值及各分位数上都远高于整体居民数值，考察期间收入比在 1.5 倍到 3.85 倍之间。图 4 - 6 显示，随着时间推移现居城镇的流动人口平均收入以及各个分位数收入呈波动上升趋势，整体居民的平均收入和各分位数收入也在平稳增长，且二者在年收入 1/4 分位数上差距悬殊，其收入差距还在逐年递增。

表 4 - 7　　　现居城镇的流动人口与整体居民收入比变动：CGSS 数据计算

流动人口/整体居民	2005 年	2008 年	2010 年	2011 年	2012 年	2013 年	2015 年
平均收入	2.13	1.64	1.95	1.85	1.86	1.73	1.65
1/4 分位数	2.92	2.00	2.56	2.40	2.50	2.50	2.40
中位数	2.00	1.80	2.00	1.82	2.00	1.75	3.85
3/4 分位数	1.82	1.50	1.78	1.67	1.67	1.52	1.50

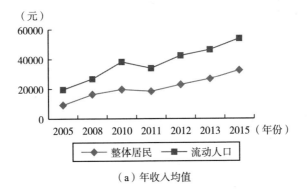

（a）年收入均值

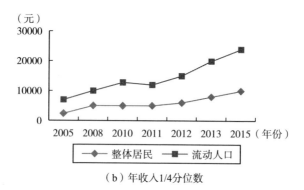

（b）年收入1/4分位数

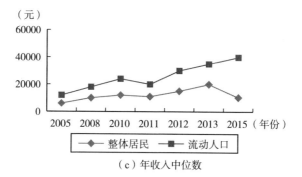

（c）年收入中位数

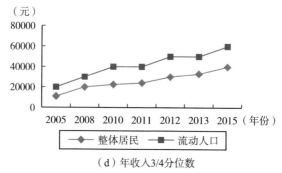

（d）年收入3/4分位数

图4-5 流动人口与整体居民各分位数收入比较：CGSS 数据

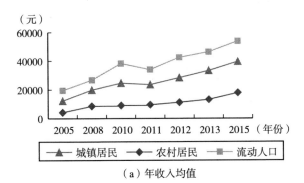

（a）年收入均值

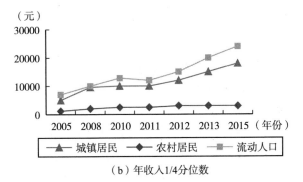

（b）年收入1/4分位数

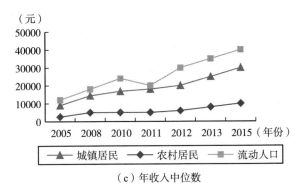

（c）年收入中位数

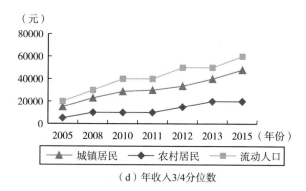

（d）年收入3/4分位数

图4-6 流动人口与城乡居民各分位数收入比较：CGSS 数据

4.7 流动人口与城乡居民收入差距

图4-6描述了使用CGSS数据计算的流动人口与城镇常住人口、农村常住人口收入分布的对比变动。由图可知，在2005年到2015年的考察期间内，这三个群体中流动人口的年收入均值和各个分位数收入均为最高者，城镇常住人口次之且差距不大，而农村常住人口的年收入均值和各个分位数收入很低且与前两者差距明显。① 总体上三者的平均年收入以及各个分位数收入都在增长，流动人口年收入增长幅度有较大波动，2015年与2005年相比年收入均值增加了176.3%，城镇常住人口与农村常住人口的年收入均值在这10年间分别增长了222.2%和320.3%。虽然这10年间农村常住人口在三个群体中年收入均值增长幅度最大，但由于农村常住人口的年收入均值大小在2005年仅为城镇常住人口的1/3、流动人口的1/5左右，故而农村常住人口与城镇常住人口和流动人口群体的年均收入比虽然有所上升，但收入的绝对值差距还在不断拉大。

从表4-8和表4-9显示的三者收入分布来看，流动人口与城镇常住人口的收入比在各分位数水平上均呈平稳缓慢下降态势，反映出城镇常住

---

① 这里我们选取流动人口样本依然是现居城镇的流动人口，其中包含了城镇户籍和农村户籍的流动人口。考虑到城镇户籍流动人口收入较高，故而这部分流动人口的年收入均值和各分位数收入超过了城镇人口相应收入水平。

人口年收入增速高于流动人口。而流动人口与农村常住人口在较低的 1/4
分位数上的收入差距显著增大，主要是由于农村常住人口十年间在 1/4 分
位数收入上只是略有波动，甚至自 2012 年起连续三年毫无变化，而流动
人口群体 1/4 分位数收入却持续波动上升，因此流动人口与农村常住人口
的 1/4 分位数收入比从 2005 年的 5.83 倍增至 2015 年的 8 倍。此外，流动
人口与农村常住人口的中位数收入比及较高的 3/4 分位数收入比却在波动
中呈下降趋势，也就是说农村常住人口年收入均值的高增速基本都是其内
部的高收入群体带来的。那么 1/4 分位数、3/4 分位数收入比的不同变动
趋势，应该是由于农村常住人口的极化指数在考察期间持续上涨造成的，
关于这一点我们将在之后分群体计算 DER 指数和 W 指数进行验证。

表 4 - 8　　　　流动人口与城镇居民各分位数收入比较：CGSS 数据

流动人口/城镇居民	2005 年	2008 年	2010 年	2011 年	2012 年	2013 年	2015 年
平均收入	1.59	1.35	1.56	1.44	1.50	1.40	1.36
1/4 分位数	1.40	1.04	1.28	1.20	1.25	1.33	1.33
中位数	1.33	1.25	1.43	1.11	1.50	1.40	1.33
3/4 分位数	1.33	1.30	1.39	1.33	1.49	1.25	1.25

表 4 - 9　　　　流动人口与农村居民各分位数收入比较：CGSS 数据

流动人口/农村居民	2005 年	2008 年	2010 年	2011 年	2012 年	2013 年	2015 年
平均收入	4.59	3.11	4.21	3.57	3.80	3.53	3.02
1/4 分位数	5.83	5.00	5.12	4.84	5.00	6.67	8.00
中位数	4.62	3.60	4.80	4.00	5.00	4.38	4.00
3/4 分位数	4.00	3.00	4.00	4.00	3.33	2.50	3.00

　　此外，为了了解流动人口与城乡居民群体内部的收入不平等情况，我
们还计算了流动人口与城乡常住人口的基尼系数，结果如表 4 - 10 和图 4 - 7
所示。从基尼系数的计算结果来看，我国整体居民、流动人口以及城乡常
住人口群体内部间的收入不平等现象非常严重，其中尤以农村常住人口为
甚，在 2015 年甚至达到了 0.589，四个群体中即使是不平等情况相对最轻
的城镇常住人口，其基尼系数在考察期间也在 0.45 左右波动。而各群体

基尼系数的变动趋势则基本保持一致，10 年间在波动中略有上升。我们发现利用 CGSS 数据算出的各群体基尼系数均超过了警戒线水平（0.4），远超利用中国流动人口动态监测调查数据得到的结果，但与西南财经大学 CHFS 数据库得到的结果基本一致。

表 4 - 10　　　　流动人口与城乡居民基尼系数变动趋势比较：CGSS 数据

	2005 年	2008 年	2010 年	2011 年	2012 年	2013 年	2015 年
整体居民	0.529	0.534	0.555	0.543	0.526	0.516	0.534
城镇居民	0.443	0.448	0.490	0.459	0.449	0.445	0.461
农村居民	0.518	0.583	0.534	0.558	0.540	0.543	0.589
流动人口	0.512	0.499	0.522	0.502	0.497	0.441	0.449

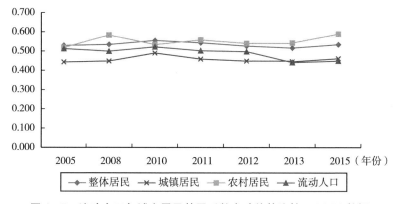

图 4 - 7　流动人口与城乡居民基尼系数变动趋势比较：CGSS 数据

4.8　流动人口收入极化、城镇居民收入极化趋势对比

表 4 - 11 和图 4 - 8、表 4 - 12 和图 4 - 9 进一步比较了城镇常住人口、农村常住人口、流动人口以及整体居民内部收入极化程度的变动趋势。可以看到，结果显示整体居民和农村常住人口的 DER 指数在波动中稍有上涨，城镇常住人口和流动人口的 DER 指数则基本持平，整体居民和农村

常住人口的 W 指数波动较大，城镇常住人口和流动人口的 W 指数则略有下降。而两种极化指数在绝对值上虽有差异，但相同的是两指数反映出的流动人口与城镇常住人口之间的极化程度的绝对大小和变动情况趋于一致，且均低于农村居民常住人口与整体居民的相应指数。

表 4 – 11　　　流动人口与城乡居民 DER 指数变动趋势比较：CGSS 数据

	2005 年	2008 年	2010 年	2011 年	2012 年	2013 年	2015 年
整体居民	0.359	0.313	0.370	0.344	0.328	0.364	0.393
城镇居民	0.283	0.267	0.308	0.275	0.274	0.293	0.304
农村居民	0.341	0.326	0.314	0.357	0.334	0.343	0.415
流动人口	0.287	0.261	0.300	0.268	0.277	0.252	0.258

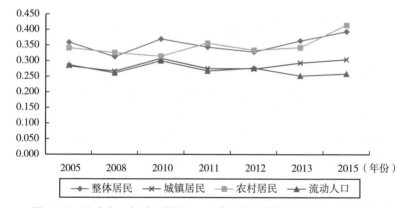

图 4 – 8　流动人口与城乡居民 DER 指数变动趋势比较：CGSS 数据

表 4 – 12　　　流动人口与城乡居民 W 指数变动趋势比较：CGSS 数据

	2005 年	2008 年	2010 年	2011 年	2012 年	2013 年	2015 年
整体居民	0.504	0.450	0.529	0.599	0.494	0.434	0.540
城镇居民	0.376	0.377	0.410	0.362	0.343	0.361	0.319
农村居民	0.522	0.502	0.534	0.564	0.657	0.612	0.551
流动人口	0.438	0.429	0.427	0.425	0.408	0.351	0.367

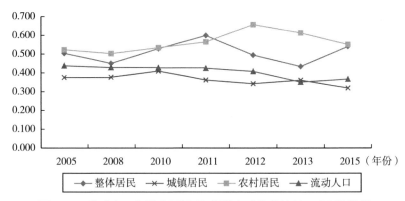

图 4 - 9　流动人口与城乡居民 W 指数变动趋势比较：CGSS 数据

4.9　流动人口流动有助于缩小城乡收入差距

由本书 4.7 节和 4.8 节的分析可知，流动人口在年收入均值和各分位数水平上均高于城镇常住人口和农村常住人口收入，且极化程度也是三个群体中相对最低的。从收入的绝对值方面讨论，流动人口的存在似乎缩小了城乡收入差距。然而这有可能是流动人口特殊的人口学特征带来的，或许这个群体的较高收入是由于流动人口整体而言受教育程度较高或年龄适中等因素促成的也未可知。因此，我们为了排除人口学特征对流动人口收入的影响，从而识别流动对人群收入提高的作用，对流动人口进行了反事实检验，将农村常住人口收入对其人口学特征（年龄、性别、受教育程度）进行回归，进而对流动人口群体的收入按照其人口学特征进行预测。利用 OLS 回归预测出的结果显示，反事实的预测中流动人口的平均年收入远低于流动人口的实际收入；而在收入分布上，预测的 1/4 分位数收入与流动人口的实际收入基本持平，甚至在某些年份超过了其实际收入，至于年收入中位数和 3/4 分位数则是实际值高于预测值，不过二者相比也有差异，3/4 分位数收入的实际值与预测值差距明显超过了中位数的收入差距。因而我们基本可以判断总体上人口的流动会对人们的收入带来积极影响，那么流动人口的流动也确实有助于缩小城乡收入差距。考虑到不同分位数收入差距的结果，我们发现这和上文反映的极化趋势保持一致，即由于流动人口内部高收入者和低收入者增多，向下挤压使得流动人口内部的低收入者相比于具有同等人力资本的农村常住人口的收入差距缩小，向上挤压则使得流动人口高收入者和与之相当的农村常住人口之间的收入差距扩大（见图4-10）。

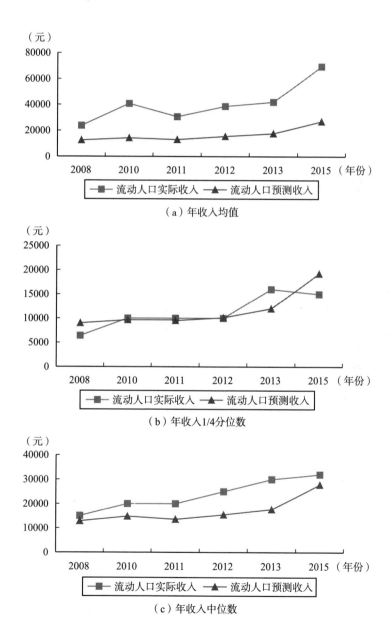

（a）年收入均值

（b）年收入1/4分位数

（c）年收入中位数

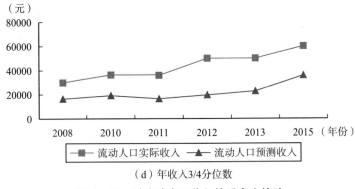

（d）年收入3/4分位数

图4－10　对流动人口收入的反事实检验

4.10　总　　结

本章利用中国流动人口动态监测调查和 CGSS 数据讨论了我国城乡常住人口及流动人口收入分配的不平等状况和极化特征，统计发现流动人口收入不平等近年有增长趋势，并且呈现出一定的极化现象。从流动人口与城乡常住人口的对比中发现，流动人口与城镇常住人口的收入差距和极化程度相对较低，收入水平和收入结构远超农村常住人口。这些现象可以由流动人口的人口学特征变动以及流动人口在产业升级过程中行业转换及地区间流动转换或落户政策等影响来解释。总体上讲，我国流动人口内部收入差距绝对水平仍较低，但流动人口收入极化趋势以及与城镇居民收入差距扩大趋势需要国家政策增加关注。在政策选择上，我们可以考虑更全面的户籍制度放开、更平衡的区域发展来缓解未来可能的收入差距和极化趋势进一步扩大。

第 5 章

流动人口消费问题分析

——身份认同视角的实证分析

5.1 引　　言

　　快速的城市化进程以及中国特有的户籍制度使得我国出现大量流动人口。根据国家卫计委 2017 年发布的《中国流动人口发展报告》，2011 年以来，流动人口在我国总人口中始终保持着较大比重。2016 年我国流动人口规模为 2.45 亿人，约占全国人口总量的 17.7%。随着区域经济一体化的推进，区域间经济联系的加强，地区间人口流动将日趋活跃。"十三五"时期，人口将继续向沿江、沿海、铁路沿线地区聚集。卫计委根据城镇化、工业化进程和城乡人口变动趋势预测，到 2020 年，我国流动人口将增长到 2.91 亿。

　　根据全国流动人口卫生计生动态监测对流动人口的定义，流动人口包括在流入地居住一个月及以上，非本区（县、市）户口的流入人口。因此流动人口概念不仅仅限于目前普遍研究的农民工群体。如果将户口状态作为分类依据，流动人口可以分为持有外地农村户口的农民工群体和持有外地城市户口的城城流动群体。目前大量研究是针对农民工群体的研究，而在城城流动人口群体日益扩大情况下，需要对所有类型流动人口都加以关注。本章所使用的国家卫计委"流动人口社会融合与心理健康专题调查"的调查数据同时包括了城乡流动的农民工群体和城城流动群体，有助于我们充分分析流动人口的身份认知效应。

此外，因为中国独特的户籍制度，使得发生在中国国内的人口流动，不同于其他没有户籍制约国家的内部人口流动，而是更加类似于国际移民，都要受到很多制度性制约。具体而言，由于户籍制度限制，很多流动人口没有流入城市地区的社会保障，工作不稳定，岗位和收入受到一定歧视，缺少住房条件，这些因素减弱了流动人口真正融入城市程度，让流动人口产生"外来人"的身份感知，并可能导致流动人口低消费行为（孙文凯和王乙杰，2016；孙文凯，2017）。这涉及在城市的流动人口低消费和低水平本地身份认同两个话题。目前，学界对这两个话题都已有一定研究，但以往对这两个话题研究存在两个主要问题。第一，研究者往往着眼于家庭结构、人力资本或户籍制度等客观因素对流动人口消费影响。这些客观因素的影响因果关系研究已经比较深入，但从主观因素去探讨影响流动人口消费行为因素的研究较少。而流动人口在城市化发展过程中自我定位模糊，其经济行为与主观意愿有不可忽视的关联。一些政府政策或媒体宣传都将流动人口区别于真正城市人口对待，强化了流动人口的"城市外来人"的自我定位。如果这些主观态度影响了流动人口消费行为，这将给政府政策提供新的工具，即可以从改变流动人口主观身份认同感着手，进而影响流动人口的消费行为。这可能对国家改善经济结构、促进经济发展和城市繁荣起到事半功倍的效果。第二，以往国内对身份认同研究中，以探讨其成因为主，而分析其对经济行为影响的较少，且在识别因果关系上存在可改进之处。为此，本章采用2014年国家卫计委"流动人口社会融合与心理健康专题调查"的调查数据，分析所有流动人口身份认同对家庭本地消费影响。我们通过已有对身份认同影响因素分析中寻找合理的工具变量，来解决分析身份认同对消费影响时可能存在的内生性问题。以下我们分别介绍相关文献和本章理论逻辑、说明数据和方法、列示统计结果并做最终总结。

5.2　简要文献综述及本章理论逻辑

5.2.1　简要文献综述

1. 社会身份理论内涵

社会身份认同（social identity）理论的起源可以追溯到塔费尔和特纳（Tajfel and Turner，1979），身份认同代表人们自我定位的所属群体身份。这个理论最初用于理解心理学上的不同群体间歧视。一般而言，人们总会从某个角度将自己归类为某个群体对应身份。国际上对跨国移民的身份认同研究较多，比如黎相宜和周敏（2013）认为少数族裔为抵御当地社会排斥而更容易使用传统符号以建立抵御型族裔身份认同。周敏和林闽钢（2004）总结了在美华人族裔资本作用的动态变动，即由原始的便于生存的重要作用到移民人力资本较高时的族裔资本作用弱化。在我国，身份认同理论被广泛应用于流动人口能否融入当地社会的问题分析上（杨菊华，2010）。由于在城市劳动和生活但却一直受到区别对待，很多研究都指出了农民工在城市身份认同存在困境（张静，2010；崔岩，2012）。一些研究尤其关注新生代农民工融入社会的困难，由于生活方式转变和身份不受认可而存在身份认识模糊现象（张淑华等，2012；丁彩霞和黄岩，2014；杭慧，2014）。

2. 身份认同的影响因素

社会身份虽然是个体基于社会群体感受的自我心理认知，但这种认知可以被个人的固有特征识别，而非凭空想象（Hogg and Vaughan，2002）。比如，有学者（Bleakley and Chin，2009；South et al.，2005）认为语言能力影响移民的社会融入和身份认同，迁入国语言掌握得越好，越能提高国际移民与当地居民的通婚概率。科灿（Koczan，2016）在研究移民人口身份认同感时将语言作为身份的工具变量，发现语言能够有力解释移民人口的少数民族身份。德林克沃特和罗宾逊（Drinkwater and Robinson，2013）认为迁入国政府较少地为国际移民提供公共财政支持的医疗保险会阻碍国际移民的社会融入和身份认同。哈默米什和特雷霍（Hamermesh and Trejo，2013）、阿尔冈等（Algan et al.，2010）认为较高的收入和良好的教育水平能够促进国际移民对迁移国家社会融入。国内流动人口身份认同的研究发现社会舆论氛围、国家制度、流动人口自身特点、信息技术进步、社会保障、流动范围、家庭同迁、住房拥有等都影响农民工身份认同（李荣彬和袁城，2013；郑松泰，2010；马超等，2017；宁光杰和李瑞，2016；韩俊强，2013；杨菊华，2016；王春超和张呈磊，2017）。

3. 身份认同经济影响及对流动人口消费影响的研究

个体行为会受到自身定位的所在群体行为特征影响，"因为我是谁，所以我行动"。人们将自己定义在某个群组，从而服从该群组的特征，违背该群组行为规范将付出代价。在社会心理学中，这个概念的应用极广，但在经济领域应用还很少（Huddy，2001）。阿克洛夫和克兰顿（Akerlof and Kranton，2000）最早将这种社会心理学引入经济学。目前应用最广的是性别这一身份的影响。例如，伯川德等（Bertrand et al.，2015）考察了性别身份对家庭内部夫妻间收入对比的影响，发现由于性别身份观念，如果家庭中女性收入超过男性，那么更可能发生离婚，从而女性宁愿转换工作或不工作以降低自己可能得到的收入，以便收入低于男性。也有研究关注身份认同与消费行为的联系，比如里德（Reed，2002）提出了基于社会身份的消费者决策理论，即消费者会根据自身的"身份"决定自己的消费模式以自我证明。此外还有研究证明了国际移民的外来人口身份认同会对其经济行为产生多方面影响（Sam and Berry，2010；Cleveland et al.，2009）。

我国的流动人口虽然发生在一个国家内部，但是因为户籍制度的原因，也受到类似国际移民的制度约束，受到身份上的区别对待，从而容易形成身份认同效应进而影响消费（陈子豪，2013）。在这个视角下对农民工这一流动人口主体的研究最多。例如，钱龙等（2015）利用浙江大学2013年农民工调查数据，实证分析并得出了农民工身份认同会制约他们在城市的文娱消费的结论。孙丽丽等（2014）、黄侦和邓习赣（2014）分析了农民工消费如新生代农民工"符号消费"特点。汪丽萍（2013）认为新生代农民工在身份认同上倾向于城市居民，因此更容易形成市民化和炫耀性消费行为。此外，也有一些对流动人口整体的研究。比如，谭江蓉和徐茂（2016）基于 2013 年重庆市流入人口的动态监测调查数据，发现城市身份认同感对流动人口的本地消费具有显著的促进作用。邹静等（2017）发现身份认同更好的流动人口更倾向于本地购房。但这些研究在识别身份认同和消费等经济行为因果关系上还有待改进，并且没有进一步检验农民工和城城流动人口区别。本章采用工具变量方法识别因果关系，并且区分流动人口内部农民工和城城流动人口的各自效应。这对已有文献有一定补充。

5.2.2　本章的理论逻辑

流动人口在城市的本地身份意识对其本地消费影响的理论逻辑比较直接。首先，在社会身份认同理论下，如果流动人口没有将自己当作本地人，那么其消费行为也必然不会仿效本地人的消费，而更可能保持流出地的消费特点。对于流动人口特别是农民工群体，他们的流出地消费绝对水平较低，因此不认为自己已经是本地人的流动人口在总消费水平上将可能较低。其次，当没有本地人身份认知，而仍然将自己视为老家人时，他们未来返回老家的可能性也较大，从而当前在本地消费将较低，并且会将剩余收入带回老家。当不将自己视为本地人的总消费较低时，他们唯一的可能是缩减食品消费之外的其他类消费，从而表现为恩格尔系数较高。我们将分别检验本地人身份认同感对总消费和恩格尔系数影响。

5.3　数据与计量模型

5.3.1　数据来源

本章采用 2014 年国家卫计委流动人口司组织的"流动人口社会融合

与心理健康专题调查"的随机抽样调查数据。这是一次专门针对流动人口社会融合状况的模块调查，调查范围在几个重点城市进行，包括北京市朝阳区、浙江省嘉兴市、福建省厦门市、山东省青岛市、河南省郑州市、广东省深圳市和中山市、四川省成都市等八个城市（区）。这些城区都是各省内经济发达区域，有较多跨县流动人口。每个城区流动人口调查的样本量为 2000 人，总样本量为 16000 人。下文分析中只出现了极少数的样本因信息不完善而未采用（3 个）。我们选取了该调查中涉及流动人口个体和家庭人口学信息、就业与收入支出情况以及身份认同方面的数据。

此数据库的流动人口包括了城乡流动的农民工群体，也包括城城流动群体。这使得我们可以分析不同类别流动人口身份认知效应的区别。从数量看农民工群体占据流动人口的主体，城城流动人口占比不到 13%。

5.3.2　描述性统计

1. 关键自变量

身份认同感作为一种主观的心理感受，一般是采用询问被调查者是否属于某一类群体来度量。根据图 5 - 1 所示的统计结果，在"认为自己是不是已经是本地人"这一问题中，有 22% 的流动人口认为自己已经是本地人，而有高达 78% 的流动人口认为自己并不属于当地人这一群体。这与已有较多相关研究的描述性结果相似。其中农村户籍流动人口认为自己是

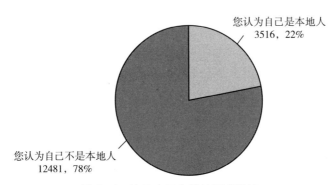

图 5 - 1　流动人口身份认同感统计

本地人的比重约 20%，城市户籍流动人口这一比重约为 35%。可以看出流动人口中大部分人对于自己的当地人身份并不认可，说明社会融合壁垒仍旧存在，并处于一个较高的水平。由于所调查地区都是城区，因此本章的"本地人"身份认知近似等同于"本城市人"身份认知，我们无法将这两者区别开。

2. 因变量

为了研究流动人口的身份认同感对消费行为的影响，我们从消费水平和消费结构两个角度比较了不同身份认同感下家庭月均支出和家庭月均食品支出占比（恩格尔系数）数据，如表 5 - 1 所示。需要说明的是，卫计委的消费数据特指家庭在流入地消费，正是本章要分析的对象。从家庭月均支出数据的均值对比看，认为自己是本地人的流动人口家庭月均支出均值为 3517.46 元，比认为自己不是本地人的流动人口群体高了 15.99%。从家庭月均食品支出占总消费比数据对比看，对于认为自己是本地人的流动人口群体，其家庭月均食品支出占比平均为 44.6%，低于认为自己不是本地人的流动人口群体的 45.5%。以上数据体现了两类人群消费结构的差异，初步验证了我们的理论猜想。考虑到这个消费总量及结构的差异可能包含其他因素如家庭收入、人口结构等特征差异的影响，因此，我们下文将进一步进行回归分析控制其他因素，识别身份认同对流动人口消费影响。

表 5 - 1　　　　　　　　　消费数据的描述性统计

变量范围	均值	最大值	最小值	标准差
全部样本（观测值：15997）				
家庭月均支出（元）	3139.059	200000	20	3033.970
家庭月均食品支出占比（%）	0.452	1	0	0.174
认同自己是本地人（观测值：3516）				
家庭月均支出（元）	3517.460	100000	1	3186.030
家庭月均食品支出占比（%）	0.446	1	0	0.178
不认同自己是本地人（观测值：12481）				
家庭月均支出（元）	3032.590	200000	1	2981.410
家庭月均食品支出占比（%）	0.455	1	0.02	0.173

5.3.3 基本计量模型与变量含义

本章构建如下的多元线性回归模型作为分析基准：

$$consumption = \beta_0 + \beta_1 Identity + \beta_2 X + \varepsilon \qquad (5-1)$$

式（5 - 1）中，因变量 consumption 度量了流动人口的消费水平[①]和消费结构，分别用对数月均消费总额和恩格尔系数（家庭月均食品支出占家庭月均支出）代表。主要解释变量 identity 为一个虚拟变量，表示流动人口对于其流入城市的当地人身份认可与否。身份认同感作为一种主观的心理感受，其度量方法并没有统一的规范。在本章的基本模型里我们采用问卷中"你认为自己是不是本地人"这一问题来度量，若认为自己是当地人，则赋值为 1；若认为自己不是当地人，则赋值为 0。在后文稳健性检验中，我们增加替代性的测度。

其余解释变量 X 包括了被调查者的人口学特征（性别、年龄、婚姻、民族、教育程度、就业、户口性质）、家庭情况（家庭人数、是否有家属随迁）、经济和社会保障情况（家庭月均收入对数、社会保险覆盖情况）。各个变量的具体含义和描述性统计见表 5 - 2。

表 5 - 2　　　　　　　　　　变量名称及相关定义

变量名称		均值	标准误	变量定义
个人特征	性别	0.55	0.50	虚拟变量，男性 = 1，女性 = 0
	年龄	32.69	8.72	
	婚姻	0.75	0.44	虚拟变量，已婚（含再婚）= 1，未婚 = 0
	民族	0.96	0.18	虚拟变量，汉族 = 1，少数民族 = 0
	教育程度			构建 7 个虚拟变量表示各教育程度
	未上过学	0.01	0.09	
	小学	0.09	0.28	

---

① 衡量消费水平采用了家庭总消费，采用人均消费结果类似，不再列入正文。

续表

变量 名称		均值	标准误	变量定义
个人 特征	初中	0.51	0.50	
	高中	0.25	0.43	
	专科	0.10	0.30	
	大学	0.04	0.20	
	研究生	0.01	0.07	
	户口性质	0.87	0.34	虚拟变量，农业户口 =1，非农业户口 =0
家庭 特征	家庭人数	2.41	1.17	在当地同住的家属人数（含本人）
	子女随迁	0.29	0.45	虚拟变量，子女随迁 =1，否则 =0
	配偶随迁	0.10	0.30	虚拟变量，配偶随迁 =1，否则 =0
	其他随迁	0.01	0.11	虚拟变量，其他家庭成员随迁 =1，否则 =0
	自有住房	0.10	0.30	虚拟变量，已购或自建住房 =1，其余住房 =0
就业与 消费 特征	就业身份			构建 4 个虚拟变量，分别表示雇员、雇主、自营职业者和其他
	雇员	0.63	0.48	
	雇主	0.07	0.25	
	自营	0.21	0.41	
	其他	0.09	0.29	
	家庭月均收入	8.10	0.51	连续变量，取对数
	家庭月均支出	6.96	0.71	连续变量，取对数
	家庭月均食品支出占比	0.45	0.17	家庭月均食品支出占家庭月均支出的比例
社会 保障	城镇职工养老保险	0.30	0.46	虚拟变量，有 =1，没有或不清楚 =0
	城镇居民养老保险	0.06	0.23	虚拟变量，有 =1，没有或不清楚 =0
	新农保	0.41	0.49	虚拟变量，有 =1，没有或不清楚 =0

5.3.4　内生性问题与工具变量

使用 OLS 方法估计模型（1）的身份认同影响存在潜在的内生性问

题，并可能导致身份认同系数估计有偏。内生性主要可能来源于以下两个方面：

自变量和因变量互为因果。一方面，流动人口对于自身"本地人"的身份认同感会影响其消费；另一方面，其消费水平的高低和消费结构的变化也可能会影响其融入本地社会环境的能力，从而影响其对于当地人身份的认同感（汪丽萍，2013；孙丽丽等，2014）。

存在遗漏变量可能。虽然我们参照已有文献控制了众多变量，但毫无疑问影响消费及结构的因素很多，使用截面数据难以控制完全，因此总可能存在影响消费的变量被遗漏。比如，消费者的性格外向性可能影响当前消费，也可能影响本地身份认同，如果遗漏这样的相关变量，有可能带来有偏误的估计结果。类似的还有可能遗漏当地落户容易度等因素。

为了解决模型的可能内生性问题，本章选取受访者"本地话掌握水平"和"在户籍地（老家）有多少亩田地"作为工具变量，利用两阶段回归方法来解决内生性问题。根据科灿（Koczan，2016）对于移民人口身份认同感的研究，发现语言与少数民族身份认同呈现显著的正向相关关系，因此语言可以作为身份认同感的一个工具变量。相似地，有学者（Bleakley and Chin，2009；South et al.，2005）也认为语言能力会影响移民的身份认同。另外，本地话的掌握水平与消费并没有明显的相关关系，可能的间接影响我们将尽量控制在控制变量里，因此本地话水平可以作为一个逻辑良好的工具变量。对于在老家有多少亩田地这一变量，已有研究发现在老家的财富状况影响流动人口本地身份认知（孙文凯，2017），我们的检验发现在控制其他变量后，老家拥有耕地面积并不直接影响本地家庭消费，因此可以作为一个工具变量的备选。需要说明的是，流动人口中不只农村户籍人口拥有承包地，部分城镇户籍流动人口同样拥有老家承包地。这是由于部分城镇户籍流动人口是在二轮农村耕地承包之后才转换的户籍。下文中，我们将单独或同时地加入这两个工具变量，并进行过度识别检验。

本章对语言构建四个虚拟变量，从听、说两个角度表示流动人口对本地话掌握的四种程度：听得懂也会讲、听得懂也会讲一些、听得懂一些但是不会讲、不懂本地话，分别对应调查问卷问题的四个选项。根据图 5-2 对工具变量均值的统计，可以看出，随着本地话掌握程度的降低，认为自已是本地人的流动人口群体占比逐渐减小。本地话掌握更好的流动人口，其对于本地人的身份认同感更强烈。流动人口在老家平均拥有耕地 1.43 亩，与身份认同的相关系数为 -0.03（$P=0.01$）。

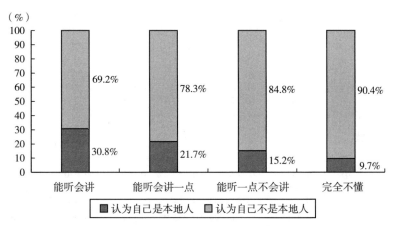

图 5 - 2　不同本地话掌握水平的流动人口身份认同感对比

5.4　实证分析结果

5.4.1　实证结果

我们分别运用 OLS 和 IV 估计方法对式（5 - 1）进行多元回归，结果如表 5 - 3 所示。

表 5 - 3　　　　　　　　　　　　家庭消费回归结果

因变量	家庭月均支出（对数）			家庭月均食品支出占比		
	OLS	IV - 1	IV - 2	OLS	IV - 1	IV - 2
身份认同	0.008 (0.01)	0.141 *** (0.05)	0.143 *** (0.05)	-0.001 (0.00)	-0.196 *** (0.02)	-0.194 *** (0.02)
性别	-0.005 (0.01)	-0.005 (0.01)	-0.005 (0.01)	0.017 *** (0.00)	0.017 *** (0.00)	0.017 *** (0.00)

续表

因变量	家庭月均支出（对数）			家庭月均食品支出占比		
	OLS	IV – 1	IV – 2	OLS	IV – 1	IV – 2
年龄	– 0.002 ***	– 0.003 ***	– 0.003 ***	– 0.000	0.000	0.000
	(0.00)	(0.00)	(0.00)	(0.00)	(0.00)	(0.00)
婚姻	0.011	0.011	0.011	0.035 ***	0.035 ***	0.035 ***
	(0.02)	(0.01)	(0.01)	(0.00)	(0.01)	(0.01)
民族	0.016	0.012	0.012	– 0.017 **	– 0.011	– 0.011
	(0.02)	(0.02)	(0.02)	(0.01)	(0.01)	(0.01)
未上过学	– 0.373 ***	– 0.355 ***	– 0.355 ***	0.111 ***	0.085 ***	0.085 ***
	(0.06)	(0.06)	(0.06)	(0.02)	(0.03)	(0.03)
小学	– 0.383 ***	– 0.366 ***	– 0.365 ***	0.095 ***	0.070 ***	0.070 ***
	(0.06)	(0.05)	(0.05)	(0.02)	(0.02)	(0.02)
初中	– 0.351 ***	– 0.336 ***	– 0.335 ***	0.088 ***	0.065 ***	0.065 ***
	(0.05)	(0.05)	(0.05)	(0.02)	(0.02)	(0.02)
高中	– 0.274 ***	– 0.263 ***	– 0.263 ***	0.062 ***	0.045 **	0.045 **
	(0.05)	(0.05)	(0.05)	(0.02)	(0.02)	(0.02)
大学专科	– 0.188 ***	– 0.176 ***	– 0.176 ***	0.048 ***	0.031	0.031
	(0.05)	(0.05)	(0.05)	(0.02)	(0.02)	(0.02)
大学本科	– 0.108 **	– 0.102 **	– 0.102 **	0.037 **	0.028	0.028
	(0.05)	(0.05)	(0.05)	(0.02)	(0.02)	(0.02)
家庭收入（对数）	0.524 ***	0.527 ***	0.527 ***	– 0.036 ***	– 0.040 ***	– 0.040 ***
	(0.04)	(0.01)	(0.01)	(0.00)	(0.00)	(0.00)
家庭人数	0.130 ***	0.130 ***	0.130 ***	0.015 ***	0.015 ***	0.015 ***
	(0.01)	(0.00)	(0.00)	(0.00)	(0.00)	(0.00)
子女随迁	0.006	0.003	0.003	– 0.005	– 0.001	– 0.001
	(0.01)	(0.01)	(0.01)	(0.00)	(0.00)	(0.00)
配偶随迁	0.003	0.003	0.003	– 0.018 ***	– 0.018 ***	– 0.018 ***
	(0.01)	(0.01)	(0.01)	(0.00)	(0.01)	(0.01)
其他家属随迁	– 0.117 ***	– 0.123 ***	– 0.123 ***	– 0.006	0.002	0.002
	(0.03)	(0.03)	(0.03)	(0.01)	(0.01)	(0.01)

续表

因变量	家庭月均支出（对数）			家庭月均食品支出占比		
	OLS	IV – 1	IV – 2	OLS	IV – 1	IV – 2
自有住房	0.141 ***	0.112 ***	0.111 ***	– 0.018 ***	0.025 ***	0.024 ***
	(0.01)	(0.02)	(0.02)	(0.00)	(0.01)	(0.01)
城镇职工养老保险	0.072 ***	0.063 ***	0.063 ***	0.011 ***	0.024 ***	0.024 ***
	(0.01)	(0.01)	(0.01)	(0.00)	(0.00)	(0.00)
城镇居民养老保险	0.088 ***	0.084 ***	0.084 ***	0.017 **	0.023 ***	0.023 ***
	(0.01)	(0.01)	(0.01)	(0.01)	(0.01)	(0.01)
新农保	0.023 ***	0.019 **	0.019 **	– 0.004	0.003	0.003
	(0.01)	(0.01)	(0.01)	(0.00)	(0.00)	(0.00)
雇员	– 0.202 ***	– 0.201 ***	– 0.201 ***	0.000	– 0.002	– 0.002
	(0.01)	(0.01)	(0.01)	(0.01)	(0.01)	(0.01)
雇主	0.084 ***	0.077 ***	0.077 ***	– 0.070 ***	– 0.060 ***	– 0.060 ***
	(0.02)	(0.02)	(0.02)	(0.01)	(0.01)	(0.01)
自营	0.016	0.017	0.017	– 0.053 ***	– 0.053 ***	– 0.053 ***
	(0.01)	(0.01)	(0.01)	(0.01)	(0.01)	(0.01)
户口性质	– 0.080 ***	– 0.070 ***	– 0.070 ***	0.008 *	– 0.007	– 0.007
	(0.01)	(0.01)	(0.01)	(0.00)	(0.01)	(0.01)
常数项	3.534 ***	3.480 ***	3.479 ***	0.655 ***	0.734 ***	0.733 ***
	(0.33)	(0.08)	(0.08)	(0.04)	(0.04)	(0.04)
样本量	15997	15997	15997	15997	15997	15997
一阶段 F 值		53.89	51.95		53.89	51.95
P 值		(0.00)	(0.00)		(0.00)	(0.00)
Sargan		2.65	3.29		1.79	2.91
P 值		(0.26)	(0.35)		(0.20)	(0.30)

注：表中数据为估计值和和标准误。*** 表示 $p < 0.01$，** 表示 $p < 0.05$，* 表示 $p < 0.1$。以下各表同。

根据表 5 – 3 的回归结果，以家庭月均支出为因变量的回归结果如表中前两列所示。可以看出，如果使用普通 OLS 方法，得到的身份认同感对消费影响是不显著的，但采用两阶段 IV 回归下身份认同感在 1% 的显著性水平上显著，且系数均为正。这说明以往采用描述方法或者 OLS 估计的结果可能存在偏误。以上结果也说明如果流动人口在心理上认同自己是迁入城市的"本地人"，则给定收入等其他条件，他所在家庭在当地的月平均支出就会更多。使用本地话熟悉度为工具变量估计的边际影响（表 5 – 3 中前三列的 IV – 1）高达 14.1%，同时使用本地话熟悉度和老家拥有承包地面积做工具变量估计的边际影响（表 5 – 3 中前三列的 IV – 2）达到 14.3%。这可以由行为经济学的身份理论进行解释，即流动人口在流入新城市后，自我身份认同发生改变，其经济行为也会受到相应价值观影响。对于认为自己是本地人的流动人口而言，他们的消费观会趋向于城市人口的消费水平和消费方式。一般而言，流动人口的平均消费要低于城市人口的平均消费，因此城市人的身份认同使得流动人口呈现出更高的家庭支出。本章的工具变量通过了过度识别检验，并且整体通过了弱工具变量检验。

消费增长往往意味着消费结构同步变动。根据表 5 – 3 中后两列的回归结果，可以发现 OLS 回归条件下身份认同感并不显著影响恩格尔系数，而使用"本地话掌握程度"这一工具变量后的两阶段 OLS 回归条件下呈现 1% 的显著性，且系数为负，即认为自己已经是本地人的流动人口恩格尔系数下降高达 19.6%（表 5 – 3 中后三列的 IV – 1），如果同时使用两类工具变量估计结果为下降 19.4%（表 5 – 3 中后三列的 IV – 2）。这说明如果流动人口认为自己是"本地人"，则其所在家庭的月平均食品支出占比会更小。在使用工具变量之后呈现与 OLS 不同的结果原因可能是 OLS 方法受到内生性影响。

结合表 5 – 3 的结果可知，流动人口家庭食品支出占比显著下降应该主要是由于消费总量增加，而且总消费增加主要来自食品之外其他项目消费的增加。这和已有的一些调查描述一致，即流动人口主要消费生活必需品（国务院发展研究中心课题组，2010）。在相同的家庭收入条件下，身份认同感的转变会带动消费观念的变化，让更多流动人口融入本地城市对于促进本地总消费增加和消费质量改进具有积极意义。

5.4.2　稳健性检验

为了确保上述统计分析结论的可靠性，我们进行了以下两个稳健性检验。

1. 身份认同的另一种度量

考虑到实际生活中，流动人口对于自身的身份认同可能是一个程度连续变化的过程，我们将上文哑变量形式度量的本地人身份认同感这一自变量使用类似问题进行了替换。

问卷中有相关的三个与本地人身份认同相关的其他问题："您是否同意：我感觉自己是属于这个城市的""您是否同意：我觉得我是这个城市的成员""您是否同意：我把自己看作这个城市的一部分"。每一个问题分为四种程度，分别对应选项的四种情况：1 表示完全不同意，2 表示不同意，3 表示基本同意，4 表示完全同意。将这三个问题的结果进行加和，得到一个近似连续的本地城市认同感指标，数值越大表示城市身份认同感越强。

使用这个身份认同的替代变量，重复上文分析过程，我们得到的回归结果如表 5-4 所示。

表 5-4　　　　　　　替代身份认同变量的家庭支出回归结果

因变量	家庭月均支出（对数）			家庭月均食品支出占比		
	OLS	IV-1	IV-2	OLS	IV-1	IV-2
身份认同	0.003 * (0.00)	0.045 *** (0.02)	0.046 *** (0.01)	-0.000 (0.00)	-0.062 *** (0.01)	-0.057 *** (0.01)
样本量	15997	15997	15997	15997	15997	15997

注：表中仅列示了身份认同感系数的回归结果。以下各表同。各列估计含义和表 5-3 相同。

根据表 5-4 的回归结果，以流动人口的家庭消费水平和恩格尔系数为被解释变量，当身份认同感为一个连续变量时，所估计的系数的符号和显著性并没有发生改变。具体来看，在工具变量法的回归结果下，身份认同感对总消费和恩格尔系数的影响系数分别为 0.045 和 -0.062，均在 1% 的水平上显著，与表 5-3 中的回归结果保持一致。这说明身份认同感能够稳健且显著地影响流动人口的家庭本地消费水平和改善消费结构。

2. 家庭规模调整

在上文分析中，虽然我们考虑到了随迁人员的差异性（子女、配偶或其他家庭成员），但是在对于"家庭人数"这一变量的衡量中，我们假设了家庭中的每个人是同质的，即每个人会对家庭消费水平和家庭消费结构的影响是一致的。但是实际生活中，家庭内部成员会相互影响，不同人员构成的家庭会具有不同的支出模式（Brown and Deaton，1972）。在对家庭消费进行分析时，由于人口的规模效应和异质性经常需要进行等价规模调整，以使得不同规模家庭间可比较（Stone，1945）。我们采用一种简单的做法，将流动人口家庭中的每个子女等价为 0.5 个成年人，对家庭人数进行了调整，并将调整过的家庭规模重新放到每个回归方程中，得到的结果如表 5－5 所示。

表 5－5　　　　　　　　　调整家庭规模后的回归结果

因变量	家庭月均支出（对数）			家庭月均食品支出占比		
	OLS	IV－1	IV－2	OLS	IV－1	IV－2
身份认同	0.008 (0.01)	0.158 *** (0.05)	0.160 *** (0.05)	－0.001 (0.00)	－0.193 *** (0.02)	－0.191 *** (0.02)
调整家庭规模	0.164 *** (0.01)	0.164 *** (0.01)	0.164 *** (0.01)	0.021 *** (0.00)	0.021 *** (0.00)	0.021 *** (0.00)
样本量	15997	15997	15997	15997	15997	15997

根据表 5－5 的回归结果，在采用工具变量的情况下，流动人口身份认同感在 1% 的显著性水平上对家庭月均支出和家庭月均食品支出占比的影响显著，并且大小和表 5－3 差异不大。可以看出，调整了家庭规模后模型的回归结果并没有发生变化，一定程度说明上文的结果是稳健的。我们也采用文献中计算等价人均消费的做法，即用家庭消费除以等价人口规模之后取对数作为被解释变量，得到的系数符号和显著性仍然没有变化。相应结果不再列入正文。

5.4.3　机制分析

流动人口不认可本地身份从而降低本地消费水平，可能的原因是不认可当地人身份的流动人口更可能未来返回老家，从而增加当前储蓄用于返乡后消费或投资。在数据库中，有"未来计划在哪里购房/建房""未来计划在哪里工作生活"和"未来是否会将户口迁入本地"三个相关问题。我们定义流动人口如果计划返回老家所在省、市、县或村镇购房/建房为1，否则为0；定义回老家工作生活为1否则为0；定义会将户口迁入本地为1否则为0。以此三个变量作为被解释变量，分别进行 OLS 估计和工具变量估计（采用本地话熟练程度和老家承包地数量为工具），得到的结果如表5-6所示。

从表5-6可见，更认可本地人身份的流动人口未来更少回老家购房和工作生活，并且更倾向于将户口迁入本地，这些都会使得他们增加在本地的消费而减少未来在老家消费。

表 5 -6　　　　　　　　　　　　影响机制的检验结果

因变量	未来在老家购房		未来在老家工作生活		会将户口迁入本地	
	OLS	IV - 2	OLS	IV - 2	OLS	IV - 2
身份认同	- 0. 154 *** (0. 01)	- 0. 678 *** (0. 06)	- 0. 050 *** (0. 00)	- 0. 156 *** (0. 03)	0. 125 *** (0. 01)	0. 692 *** (0. 06)
样本量	15997	15997	15997	15997	15997	15997

5.4.4　户籍异质性检验

我们从流动人口户主年龄以及户口性质四个角度分别对样本进行了异质性检验。

1. 不同年龄阶段的异质性检验

对于不同年龄段的人群而言，身份认同感对消费的影响可能都会出现差别。我们将 40 岁以下人群划分为青年人，41～65 岁的人群划分为中年人，讨论了青年人人群和中年人人群对于身份认同感影响其经济行为的差异。回归结果如表 5－7 所示。

表 5－7　　　　　　　　　　异质性检验：分年龄

因变量	青年—总消费		青年—消费结构		中年—总消费		中年—消费结构	
	OLS	IV－2	OLS	IV－2	OLS	IV－2	OLS	IV－2
身份认同	0.003 (0.01)	0.091 (0.06)	－0.001 (0.00)	－0.192 *** (0.02)	0.032 ** (0.02)	0.427 *** (0.10)	－0.002 (0.01)	－0.181 *** (0.04)
样本量	12670	12670	12670	12670	3327	3327	3327	3327

根据表 5－7 的回归结果，在以家庭月均支出为因变量时，中年流动人口的身份认同感影响系数大于青年流动人口群体，且统计显著，说明中年人在消费绝对水平上受到"本地人"身份认同的影响更大。而当以家庭月均食品支出占比为因变量时，青年流动人口群体的身份认同感估计系数绝对值与中年群体大致相同，这说明在家庭消费结构的分析中，青年人与中年人受到身份认同感的影响大致相同。

出现以上结果的原因可能是：对于较年长的群体而言，他们的原有身份观念可能较强，因此当这种观念发生变化时带来的效应也可能较大。已有部分研究也指出了新生代农民工城市认同感更强的特点（张淑华等，2012；丁彩霞和黄岩，2014；杭慧，2014）。

2. 户口性质的异质性检验

本章的研究对象为全部流动人口，包括城城流动和城乡流动人口。拥有农业户口和非农业户口的两类流动人口群体其身份认同感对经济行为的影响程度可能会有不同。一般而言，与城城流动的非农业户口人员相比，户口在农村的流动人口有更明显的身份认同差异，并且身份认同状况变化也可能带来更大的经济影响。为了进一步研究户口性质差异所造成的影响，我们对不同群体分别估计结果如表 5－8 所示。

表 5 - 8　　　　　　　　　　异质性检验：是否为农业户口

因变量	农村户口—总消费		农村户口—消费结构		非农户口—总消费		非农户口—消费结构	
	OLS	IV - 2	OLS	IV - 2	OLS	IV - 2	OLS	IV - 2
身份认同	0.007 (0.01)	0. 141 *** (0.05)	- 0.003 (0.00)	- 0. 200 *** (0.02)	0.010 (0.02)	0.142 (0.10)	0.010 (0.01)	- 0. 116 *** (0.04)
样本量	13757	13757	13757	13757	2240	2240	2240	2240

根据表 5 - 8 的回归结果，以家庭月均支出为因变量时，农业户籍流动人口的身份认同感系数的绝对值和显著性都大于非农业户口。这说明农业户籍的流动人口家庭支出水平确实更容易受到本地城市身份认同的影响。当分析对象为消费结构时，农业户籍流动人口受到的影响程度也更大。由于本章所用数据都是在城市的流动人口，身份认同更容易对农村户籍人口产生影响，可能的原因是此种心理效应主要是通过模仿本地城市人生活方式起作用。对于本来就是城镇户籍的流动人口，其模仿效应显然要小，因为其来源地也是城市，与流入地消费模式差别不如本来是农村的流动人口差别大。

5.5　结论和政策含义

本章采用 2014 年国家卫计委"流动人口社会融合与心理健康专题调查"的调查数据，研究了流动人口不同的本地城市人身份认同对其家庭消费水平、家庭消费结构的影响。在研究过程中，为了解决内生性问题，我们采用流动人口"本地话掌握水平"和"老家拥有土地面积"为工具变量，拟合多元线性回归模型。我们也进行了替代变量的稳健性检验以及异质性检验。

我们发现在克服内生性后，流动人口本地身份认同感确实会影响家庭本地消费水平和消费结构。这可以由身份认同理论来解释，实证机制检验也发现认可本地人身份的流动人口更倾向于在本地买房、工作生活和落户。最后，不同群体间存在一定异质性，这些异质性也符合预期。

　　本章对认识身份认同经济影响有一定学术价值。同时，我们认为，政府制定促进消费的政策时不可忽视流动人口心理作用。针对流动人口的本地化推动政策和宣传身份同一性具有事半功倍的效果。

第 6 章

流动人口消费问题分析

——一个实验研究

6.1 引　言

多年来中国独特的户籍制度将人口按照城乡分别管理，并在市场化后形成了大规模从农村到城市工作生活的流动人口。根据国家卫健委 2019 年 1 月 21 日公布的数据，我国 2018 年末流动人口为 2.41 亿，占我国大陆人口总数的 17.3%。流动人口的变化大体上可以分为三个阶段：第一阶段是 20 世纪 80 年代开始的十多年，随着国家政策的放宽，我国农村人口开始进入城市工作生活，规模从 657 万人增加到 2135 万人，年均增长率为 7% 左右。第二阶段是 20 世纪 90 年代到 2010 年，流动人口以年均约 12% 的速度迅速增加，2010 年提高至 22143 万人。第三阶段是 2010 年至今，规模增长放缓，年增长率大概只到 2%。流动人口在 2014 年达到峰点后，开始缓慢下降，进入新的发展阶段。虽然流动占总人口比重自 2014 年开始逐年缓慢降低，但仍是一个极其庞大的群体，绝对数量只低于世界人口最多的三个国家，在制定政策和研究经济问题时不容忽视。

数据显示流动人口中 80% 以上是农村户籍流动人口。已有的一些统计数据发现，流动到城镇的农民工家庭①有几个明显的引人注目的现象：第一个现象是，这些来自农村的成年群体和家庭成员大多数并没有将自己视

---

① 由于本章研究的都是农村户籍流动人口，因此和农民工在全文中混用。

为"城里人"，在融入城市上存在很大障碍，并且在面对城市给予的不公对待时选择沉默（陈映芳，2005）。第二个现象是，相比于城镇居民和农村居民，农民工家庭在经济行为上与其他两类居民有明显差异。比如在消费上，农民工家庭消费率是三个群体中的最低，是我国低消费率的重要原因（张勋等，2014）。另外，从就业看，农民工就业主要在城市最低层次——收入最低和岗位层级最低的体力劳动上（钟笑寒，2006），这使得农村和城镇收入差距长期难以缩小。第三个现象是，地方政府在制定政策的时候，有明显地将不同户籍来源的人口分开制定政策的倾向，在购房、教育、社会保障等各方面制定很明晰的区别性政策。

这些现象背后反映了明显的社会身份认知问题，即政府和城镇居民认为流动人口是"外来人"或"农民"，而农民工自己也大多数认可这一身份。近年，政府在对流动人口的制度建设层面取得了较大改进，推进的户籍制度改革使得农民工群体可以在城镇享受越来越多的福利，并且收入提高速度也很快。但是，身份认同和社会融合是一个并不容易解决的长期问题。2019 年 1 月 29 日，《中国城市流动人口社会融合评估报告》（蓝皮书）在北京发布，这本中国第一部流动人口社会融合为主题的年度报告选取了 50 个城市，从政治、经济、公共服务和心理文化四个维度对流动人口社会融合进行评估。在这四个维度中，心理文化融合水平最低，得分仅为 36.67。国内关于流动人口身份认同感测度的其他文献也表明，我国流动人口的社会融合状况或者说城市身份认同感较低（杨菊华，2016）。

有可能的是，正是在这一身份认知引导下，农民工的消费和就业行为显著不同于其他群体。国内外文献对身份认同感的研究表明，身份认同感不仅仅是心理层面，更会影响一个人的风险偏好、消费习惯、耐心、应试表现等。比如，阿夫里迪等（Afridi et al.，2015）的实验研究表明强化流动儿童农村户口身份会使得其答题表现下降。本杰明等（Benjamin et al.，2010）的实验结果表明亚裔美国人被试者强调亚裔身份后更加耐心，而强调种族身份后，本土黑人更加厌恶风险，白人更加耐心。

本章用实验手段研究流动人口身份认同对其消费倾向影响。研究流动人口的身份认同感对其消费偏好的影响对理解我国流动人口低消费行为和针对流动人口的政策制定有重要意义。我国特有的户籍制度使得流动人口与其家庭被特殊定位，并且流动人口自身也认可在这个特殊群体社会状

态，他们的消费行为模式与本地的城镇和农业人口居民都有所区别。这种
状态特别适合通过采用强化实验方法处理方式观察处理效应检验因果关
系。在国内的已有研究中，虽然有很多对身份认同的研究以及对农民工消
费的实证研究，但关于身份认同感对农民工消费影响研究的文献较少，特
别是已有研究还缺乏采用实验方法对此问题的分析，这正是本章的研究目
的和贡献。

6.2　文　献　综　述

我们从身份认知理论和身份认知的经济行为影响两个方面简要总结与
本章相关的文献。

6.2.1　社会身份认知理论和社会融合

社会身份认知理论（social identity，或社会身份理论）的起源可以追
溯到塔费尔和特纳（Tajfel and Turner，1979），这个理论最初用于理解心
理学上的不同群体间歧视。该理论认为一个人的社会群体成员身份和群体
类别是一个人自我概念的重要组成部分，并主张人们努力地获得和维持积
极的社会认同，从而提升自尊。这种积极的认同很大程度上来自内群体和
相关外群体的比较。研究显示不同环境使一个人对自己有不同的定位，比
如在个人层面、家庭层面、国家层面等都会产生不同的个人所在群体定
位。这种认知可以被个人的固有特征识别，而非凭空想象（Hogg and Wil-
liams，2000）。塔费尔和特纳（Turner and Tajfel，1986）证实一些能体现
组内特征的个体行为足以使得个体更认可组织。

社会身份理论被广泛应用于流动人口能否融入本地社会的社会学问题
分析上。从20世纪70年代开始，社会融合的问题开始受到重视。不过目
前为止，社会融合并没有统一的定义。较早时候，国外学者将移民与迁入
地之间在技术、文化、社会和政治等方面相互影响和适应的过程定义为社
会融合（Goldlust and Richmond，1974）。而后，社会融合的概念演变为个
体或群体在融入主流社会过程中的最佳途径，能够削弱种族差异，重塑种

群之间的界限,从而达到社会、文化和心理方面的趋同（Alba and Nee, 1997）。社会融合的定义在国内的研究基本上延续了国外的定义。任远和乔楠（2010）、周皓（2012）在文章中认为,流动人口的社会融合是一个逐步减少排斥和同化的过程,是迁入人口和迁入地之间在彼此"渗透、交融、互惠、互补"的过程中构建的良性交往和互动。

可以看到社会身份和社会融合具有高度一致的内涵,一些研究指出身份认同是融合的最后阶段（杨菊华,2016）。近年有一些国内学者从社会身份视角进行应用研究,包括了对不同人种、不同年龄、不同性别、不同国别人群对本群体身份认同的研究（谢立黎和黄洁瑜,2014；杨联芬, 2010；刘汶蓉,2012）。对与本章相关的流动人口这一群体,很多研究都指出了农民工在城市身份认同存在困境,即在城市工作而户籍在农村的农民工由于收入低、工作不稳定、社会福利差以及家乡仍有土地等原因而难以融入城市（崔岩,2012）。李虹等（2012）通过调查发现流动人口期望达到城市人的身份认同比例达到80%,而只有23%内心真正达到了认同,他们认为这主要源于个人身份建构与社会建构之间的矛盾。也有不少研究对农民工及其家庭身份认知（即是否认可自身是城市人或已融入城市）的影响因素进行了分析。比如,有学者指出农民工群体不能融入城市社会主要是由制度性因素导致的,而其中的核心原因是户籍制度障碍（张展新, 2007）。李思齐（2012）通过归纳新生代农民工的特点,发现社会舆论氛围、国家制度以及新生代农民工自身特点都影响其身份认知。秦晓娟和孔祥利（2014）通过全国性调查问卷分析发现个人特征、市民化情感及能力、户口制度、就业情况、子女教育保障及收入预期等因素显著影响农民工对自身城市人的身份认知。崔岩（2012）发现在本地居住时间每增加一年,其认同本地身份的发生比是不认同本地身份发生比的1.059倍,户口、年龄、性别、收入、教育也有显著作用。

6.2.2 身份认同对行为影响及对农民工消费的相关研究

研究身份认同的实验文献中,较多的文献是研究种族和性别的影响,认为这些典型的身份会影响个人行为模式。关于种族身份认同的实验研究较早的是霍夫和潘迪（Hoff and Pandey,2006）。他们以印度农村男性学生为实验对象，检验发现公开个人的种姓身份信息将会使低种姓学生表现变差。本杰明等（Benjamin et al.，2010）通过实验加强诸如国家、种族和性别等类别特征，从而研究这些特征对于被试者的时间和风险偏好的影响。实验结果表明，亚裔美国人被试者强调亚裔身份后更加耐心，而强调种族身份后，本土黑人更加厌恶风险，白人则更加耐心。还有一些关于小组身份认同是否对结果有影响的研究。陈和李（Chen and Li，2009）和陈和陈（Chen and Chen，2011）利用实验室实验测度了小组身份认同对于参与者组内社会偏好的影响。结果表明，参与者在组内配对时行为表现得更利他。

　　由于中国特殊的户籍制度，引导了不同户籍人群身份认知，因此有一些关于流动人口身份认同的实验研究。阿夫里迪等（Afridi et al.，2015）运用类似霍夫和潘迪（Hoff and Pandey，2006）的方法，随机选取小学中 8 ~ 12 岁的北京城市户口和非北京农村户口的学生进行实验。在公开大声显示农村户籍学生身份后，发现流动学生的答题表现和实验收益显著少于本地城市人口的学生。

　　对于我国农民工消费率低的现象有一些实证研究，多是从户籍制度等客观因素和传统经济理论视角进行的分析。比如预防性储蓄理论：较低受教育水平和歧视的存在使得农民工收入中暂时性收入的比重更大，加之农民工在城市享有的社会和医疗保障水平偏低，这些因素会导致农民工的储蓄动机增加（张勋等，2014）。陈斌开等（2010）认为户籍制度导致了农民工低消费率。相比于传统视角对农民工消费的解释，社会身份可以提供一个新的有待检验且具有较大政策含义的视角。里德（Reed，2002）提出了基于社会身份的消费者决策理论，即消费者会根据自身"身份"决定自己的消费模式以自我证明。这个思路尤其在我国对农民工群体可能有更大解释力，因为农民工在城市受到身份上的区别对待，从而更容易形成身份认知效应并进而影响消费。以往对农民工消费问题的研究过多关注"硬件"而忽视了心理效应。虽然近期一些研究对这个方面有一些简单分析，如周素戎和朱虹（2013）通过调查和描述统计分析了新生代农民工"符号消费"，但缺乏深入因果论证，也缺乏相关的实验检验。

　　与已有研究相比，本章创新之处可总结如下：第一，本章是国内首次用实验方法识别身份认同对流动人口消费影响的研究。第二，我们将农村户籍流动人口的身份认知通过实验的方式进行强化，同时区分"外地人"和"农村户口"两种身份的效应，这和已有研究中只强调户口身份有所差异。第三，通过强化身份意识后伴随问卷调查获得被试者消费意愿的有关数据，调查其对指定物品的价格偏好，有利于分析不同类别商品影响差异。

6.3 实验设计、数据描述和分析方法

6.3.1 实验设计

参与本章实验的对象为中国人民大学校内大部分保洁人员和保安，他们都是通过多个外部劳务公司与学校达成用工合同，全部属于外地农村户籍人口。最终一共有 140 名校内劳务人员参与了实验。这个样本量满足统计检验的基本要求，并且同一学校内的类似职业流动人口增强了样本间的可比性，使得相对小的样本也能得到可靠实验结果。同时，由于样本代表性而使得结论外推有限，实验结论更多是内部有效性，结论部分我们会审慎解读。

在方法上，本章借鉴阿夫里迪等（Afridi et al.，2015）所用的强调身份的方法，通过问卷实验的方式，将被调查的农村户籍在北京流动人口随机分为四组。除了一组作为控制组（C），另外三组强调其个人身份，加强其对所属群体的身份认同感。三个处理组分别强调其流动身份即外来人口身份（Ⅰ）、强调城乡身份即农村户口身份（Ⅱ）、同时强调城乡身份和流动身份（Ⅲ）。四个小组问卷的区别在于所填问卷的前六道题目是否强调其流动人口或农村户籍身份，控制组的这六道题目只询问无关的问题。为了加强处理组强调身份的效果，采用实验员和实验对象一对一进行问卷填写，并且前六道强调身份的题目为实验员大声宣读让受试者进行问答，而非让实验对象自己填写，从而增强强调身份的效果。

问卷分为三个部分。第一部分强调其流动人口或城乡户籍身份。例如，强调其流动身份时，询问其是否北京本地人以及本地人优势的问题，

包括"您的户口所在地是北京还是外地?""您老家居住地到省会城市中心驾车需要多久?"等。控制组则是问一些关于日常生活的与身份无关的问题,包括"您对北京的公共交通满意吗?""您每天有看新闻吗?"等。紧接着问卷第二部分就是对实验对象的消费意愿的测试。这一部分为问卷的主体部分,论文所用因变量数据都来源于此部分。我们设计了三种消费品:牙膏、大衣、衣柜并检验身份认同对这三种消费品的购买价格档次影响。其中,牙膏代表了日常生活的非耐用消费品,价格从 5 元到 15 元共分六档;大衣代表能穿到外面的有一定炫耀性消费品性质的耐用品,价格共分九档;衣柜是外人看不到的实用型耐用消费品,从 100 元到 2500 元共分六档。分档较多是为了更好地发现变化。为了避免回答自己购买意愿的主观浮夸,我们也询问了其对其工友的购买意向的判断,增强中立性和客观性。在这三个问题之外,我们在问卷中也设计了一些针对其他情景下的消费选择,以及一些关于消费观念看法的题目。在这一部分,我们还设计了几个可能影响机制的问题。问卷第三部分是实验对象基本信息采集的问题。以上三部分合计共有 40 道题目,每部分分别有 6 道、19 道和 15 道题。全部回答时间一般是 15 分钟左右。问卷回答结束后,我们为受试者每人支付 10 元人民币报酬,这个报酬具有与已有研究的小时报酬可比性。

6.3.2 数据描述性统计

本次实验共有受试者 140 人,随机分成四组。其中,控制组有实验者 37 人,强调流动身份的处理组(Ⅰ)为 32 人,强调城乡身份的处理组(Ⅱ)为 35 人,同时强调流动和城乡身份的处理组(Ⅲ)为 36 人,分布相对均匀。在后文统计分析中,有几个样本由于信息缺失而损耗,对结果影响不大。

主要因变量是在身份强调后的关于牙膏、衣柜和大衣的消费倾向。以牙膏为例,对应问题是"想象你的工友去超市购买牙膏,面临以下价格的牙膏,您认为大多数工友会选择哪个?"以及"面临以上选择,您愿意选择哪一种牙膏?"此外,还有关于特定情境下是否愿意打车或者到餐厅消费等问题。具体问卷请见文后附录。从表 6-1 可见,大多数流动人口选择了较低档次的消费。例如,选择 5 元的牙膏的流动人口占实验对象的比例最高，达 34.51%。

表 6-1   主要因变量描述性统计

变量名	变量说明	观测值	均值	标准差	最小值	最大值
工友牙膏等级	质量从低到高分为六级（0~5）	139	1.619	1.630	0	5
自用牙膏等级		139	1.827	1.797	0	5
工友衣柜等级	质量从低到高分为六级（0~5）	139	1.547	1.441	0	5
自用衣柜等级		138	1.543	1.529	0	5
工友大衣等级	质量从低到高分为九级（0~8）	138	0.703	1.070	0	6
自己大衣等级		137	0.518	1.085	0	7
是否愿意打车	愿意=0，可能=1，不愿意=2	140	1.357	0.710	0	2

我们在第三部分收集的被试者基本信息包括户籍、年龄、性别、受教育程度等信息。表 6-2 给出了各变量描述统计，以及四组间各变量差异的方差检验 F 统计量。其中，教育代表是否初中以上教育程度的哑变量，大部分流动人口只有小学毕业程度；收入等级分为 0~4 五个等级，分别为月收入 2500 元及以下、2500~4500 元、4500~8000 元、8000~10000元和10000 元及以上。本章的流动人口在本地的个人平均月收入均值仅为0.549，即低于 2500 元的收入占主体。在本地家庭月收入均值略高，但也大多位于 2500 元到 4500 元之间。由于分析对象为保安和保洁，女性占据了大部分，且平均年纪偏大。本章的实验分析仅限于内部有效。其他变量具体问题见附录问卷，变量描述不再一一说明。各个变量在各组间没有显著差异，表明分组随机性较好。

表 6-2   基本信息描述性统计

变量名	观测值	均值	标准差	最小值	最大值	F test
性别	140	0.386	0.531	0	1	0.919
年龄	139	47.604	11.743	17	68	0.250
受教育水平	138	0.203	0.404	0	1	0.268

续表

变量名	观测值	均值	标准差	最小值	最大值	F test
婚姻状态	139	0.971	0.433	0	2	0.428
个人收入等级	140	0.543	0.604	0	3	0.562
家庭收入等级	138	1.014	0.996	0	4	0.489
家庭支出等级	140	1.471	1.172	0	5	0.994
每周工作时长	140	1.793	1.000	0	3	0.923
是否往家汇款	140	0.300	0.460	0	1	0.320

注：F 值为方差分析组间差异的 P 值。

6.3.3 分析方法

由于我们采用了随机分组的实验方法，各组间控制变量是平衡的，因此我们的基本模型采用 OLS 多元线性回归模型。因变量是实验对象所选择消费品的价格等级等序数变量。

主要自变量为三个代表实验对象所在处理组的虚拟变量（g_1，g_2，g_3），g_1 代表加强流动身份的处理组（Ⅰ），g_2 代表强调城乡身份的处理组（Ⅱ），g_3 代表同时强调流动和城乡身份的处理组（Ⅲ）。控制变量有实验对象的人口学特征、经济情况以及流动人口特有的一些变量，包括性别、年龄、婚姻状态、受教育程度的虚拟变量、家庭收入、家庭支出、每周工作时间、是否往家乡汇款等变量。

$$Y = \beta_0 + \beta_1 g_1 + \beta_2 g_2 + \beta_3 g_3 + \beta_4 X + \varepsilon \qquad (6-1)$$

由于因变量中，衣柜、牙膏、大衣的价格等级和对消费观点的看法均为序数变量，我们也使用有序 logit 模型和有序 probit 模型进行了再检验。

6.4 实验结果描述及统计分析结果

6.4.1 身份认同对商品消费意愿的影响

由于牙膏和衣柜每一个等级有具体的价格，因此我们可以按照具体价格来进行分析。表6-3给出了按照不同组别工友用牙膏和自用牙膏的分组描述。通过表6-3可以发现，控制组牙膏价格均值高于三个处理组，而处理组中，同时强调流动人口和城乡人口身份的处理组价格均值又略低于其他两组。从描述统计看，强调流动人口的身份会使得流动人口的消费倾向降低。

表6-3 消费牙膏价格分组统计

分组	工友所用牙膏价格			自用牙膏价格		
	均值	标准差	频数	均值	标准差	频数
控制组	8.946	3.605	37	10.081	4.099	37
强调流动身份	8.032	3.341	31	8.419	3.548	31
强调城乡身份	8.314	3.066	35	8.371	3.135	35
强调流动和城乡身份	7.611	2.979	36	7.667	3.171	36
合计	8.237	3.261	139	8.655	3.595	139

衣柜价格分为100元、300元、1000元、1500元、2000元和2500元六个等级，分组描述结果如表6-4所示。可以看到，控制组的衣柜价格仍然高于其他三个处理组，不论工友购买还是自用。同时强调城乡和流动人口的处理组工友所用衣柜价格均值最低。而只强调城乡身份的处理组自用衣柜价格的均值最低。这也印证了身份强调会降低流动人口对耐用品消费价格档次。

表6-4 购买衣柜价格分组统计

分组	工友所用衣柜价格			自用衣柜价格		
	均值	标准差	频数	均值	标准差	频数
控制组	905.556	729.362	36	916.216	851.637	37
强调流动身份	838.710	706.955	31	883.871	779.785	31
强调城乡身份	705.714	734.424	35	561.765	595.953	34
强调流动和城乡身份	641.667	627.637	36	652.778	651.366	36
合计	771.014	700.803	138	752.899	735.164	138

分组对大衣的描述差异很小，为节省篇幅，本章不在正文中报告对大衣购买的描述结果。

6.4.2　流动人口身份认同对消费意愿影响的统计分析

本部分我们报告回归分析结果。表 6 - 5 是只控制分组虚拟变量进行 OLS 回归的结果。序数变量值越高，则代表消费等级越高，消费意愿价格越高。从表 6 - 5 中可以看到，以控制组为参照，同时强调城乡和流动人口身份的处理组显著降低了工友消费牙膏价格，其他两处理组有负影响但不显著。对于自用牙膏价格来说，三个处理组都显著降低了其价格等级，其中同时强调两种身份的处理组（Ⅲ）统计显著最高，且削减作用大于其他两个处理组。对于工友购买衣柜，处理组（Ⅲ）也显著降低了价格等级。自用衣柜的价格等级强调城乡身份后显著降低，强调两种身份后有负影响但不统计显著。工友购买大衣价格在强调流动人口身份后有所下降，且统计显著。自己购买大衣则不受身份认知影响。由几种消费品各自含义，我们可以认为自用的非炫耀商品消费受到外来农村户籍人口这一身份认知的负面影响。当意识到自己在北京的不利身份时，他们倾向于降低相关实用型消费。

表 6 - 5　各组对指定消费品消费意愿的差异

	(1) 工友牙膏	(2) 自用牙膏	(3) 工友衣柜	(4) 自用衣柜	(5) 工友大衣	(6) 自己大衣
加强流动	- 0.457 (- 1.15)	- 0.831 * (- 1.94)	- 0.133 (- 0.38)	0.023 (0.06)	- 0.537 ** (- 2.08)	0.013 (0.05)
加强城乡	- 0.316 (- 0.82)	- 0.855 ** (- 2.06)	- 0.354 (- 1.04)	- 0.637 * (- 1.80)	- 0.215 (- 0.85)	- 0.234 (- 0.90)
同时加强	- 0.667 * (- 1.75)	- 1.207 *** (- 2.93)	- 0.561 * (- 1.66)	- 0.450 (- 1.29)	- 0.059 (- 0.24)	0.016 (0.06)
常数项	1.973 *** (7.37)	2.541 *** (8.79)	1.811 *** (7.65)	1.784 *** (7.28)	0.892 *** (5.11)	0.568 *** (3.16)

	（1） 工友牙膏	（2） 自用牙膏	（3） 工友衣柜	（4） 自用衣柜	（5） 工友大衣	（6） 自己大衣
N	139	139	139	138	138	137
R^2	0.023	0.064	0.023	0.036	0.036	0.009

注：表中数据分别为各个变量估计系数的值和 t 统计值。其中，*** 表示 $p < 0.01$，** 表示 $p < 0.05$，* 表示 $p < 0.1$。

表 6 - 6 为加入控制变量时的 OLS 回归结果，除了工友用牙膏都是负影响但不统计显著外，其余结果与表 6 - 5 相似。在自用牙膏方面，三个处理组都显著降低了实验对象所选的牙膏等级，同时强调城乡身份和流动身份的处理组（Ⅲ）统计显著性高，且系数绝对值大于处理组（Ⅰ）和处理组（Ⅱ），即同时强调城乡身份和流动身份对流动人口选择牙膏的等级的负向作用更大。在工友衣柜的价格上，处理组（Ⅲ）的削减作用也是统计显著且绝对值最大。在自用衣柜方面，强调城乡身份的处理组（Ⅱ）显著降低了自用衣柜的等级。处理组（Ⅰ）的流动人口身份减低了工友消费大衣价格。

表 6 - 6　　　　　　　　因变量为序数变量的 OLS 回归结果

	（1） 工友牙膏	（2） 自用牙膏	（3） 工友衣柜	（4） 自用衣柜	（5） 工友大衣	（6） 自己大衣
流动加强	- 0.292 (- 0.70)	- 0.844 ** (- 2.03)	- 0.033 (- 0.09)	- 0.056 (- 0.14)	- 0.474 * (- 1.68)	- 0.134 (- 0.52)
城乡加强	- 0.032 (- 0.08)	- 0.751 * (- 1.79)	- 0.480 (- 1.33)	- 0.697 ** (- 2.03)	- 0.343 (- 1.26)	- 0.315 (- 1.43)
加强城乡 和流动	- 0.383 (- 1.01)	- 1.194 *** (- 3.03)	- 0.584 * (- 1.69)	- 0.406 (- 1.20)	- 0.020 (- 0.08)	- 0.168 (- 0.71)
控制变量	控制	控制	控制	控制	控制	控制
N	134	134	134	133	133	133
R^2	0.214	0.313	0.127	0.272	0.136	0.360

注：表中数据分别为各个变量估计系数的值和 t 统计值。其中，*** 表示 $p < 0.01$，** 表示 $p < 0.05$，* 表示 $p < 0.1$。

此外，我们也使用有序 logit 和有序 probit 模型重新估计了带控制变量的模型，和表 6 - 6 结果基本一致，限于篇幅不再报告相应结果。

在消费意愿测度中，我们设计了一道情景题目为"如果您和朋友约好在一个坐地铁需要一个小时（驾车需要 20 分钟）的地方吃饭，但是由于一些意外情况在离约定的时间只有不到半小时的时候您才得以出门，而朋友已经到了，这种情况下您会打出租车过去吗？"这道题目的在于观察实验对象是否愿意在时间较紧的情况下选择对于他们来说稍微奢侈一点的打车，并观察是否受到身份认知影响。表 6 - 7 为"是否愿意打车"的三个回归结果，分别采用了 OLS、有序 logit（ologit）和有序 probit（oprobit）估计。被解释变量值越高代表越不愿意打车。三列结果基本一致，即强调流动人口身份降低了在紧急情况下打车的可能，其他两种强调身份虽然也增加不打车概率，但并不统计显著。

表 6 - 7　　　　　　　　　　"是否愿意打车"实证结果

	(1) OLS	(2) ologit	(3) oprobit
流动加强	0.360 ** (2.12)	1.048 * (1.91)	0.670 ** (2.12)
城乡加强	0.100 (0.62)	0.225 (0.45)	0.161 (0.55)
城乡和流动	0.126 (0.79)	0.340 (0.68) (2.55)	0.244 (0.84) (2.48)
N	134	134	134
R^2	0.221	0.125	0.125

注：表中数据分别为各个变量估计系数的值和 z 值。其中，*** 表示 $p < 0.01$，** 表示 $p < 0.05$，* 表示 $p < 0.1$。ologit 和 oprobit 的 R^2 为 pseudo R^2。

另一个消费情景题为"在过节或者家人生日时，是否愿意到附近餐馆就餐？"虽然回归分析不显著，但从表 6 - 8 的描述分析可以看到，控制组选择"总是会"的频数多于其他三个处理组。

表 6 – 8　　　　　　　　　生日或节日时是否去餐馆就餐

实验分组	总是会	偶尔会	不会	合计
控制组	7	14	16	37
强调流动身份	2	10	20	32
强调城乡身份	6	14	15	35
强调流动和城乡身份	4	14	18	36
合计	19	52	69	140

6.4.3　流动人口身份认同对消费意愿影响的机制分析

为了分析身份认知对流动人口消费的影响机制，我们在问卷中设计了几个相关问题。

首先，我们观察处理效应是否影响人们比较的消费人群。我们设置了问题"您认为自己的购物习惯与以下哪一类人群相近？"其中，0 表示"比我收入低的家乡人"，1 表示"收入相当的家乡人"，2 表示"比我收入高的家乡人"，3 表示"收入相当的城市人"，4 表示"收入较高的城市人"，5 表示"比我收入低的城市人"。从表 6 – 9 中可以看出，控制组选择"比我收入低的家乡人"选项的人最少。也就是说，强调在城市的不利身份会提高其选择消费参考对象为家乡低收入群体的可能。由于低收入群体消费低，这可能降低流动人口消费意愿。

表 6 – 9　　　　　　　　　消费参照对象的分组统计

分组	0	1	2	3	4	5	合计
控制组	5	19	4	4	0	4	36
强调流动身份	10	14	1	4	1	2	32
强调城乡身份	9	16	3	3	1	3	35
强调流动和城乡身份	11	15	2	3	4	1	36
合计	35	64	10	14	6	10	139

其次，我们考察其消费观念是否受到身份认知冲击。对应问题是"您是否认可以下说法：买东西就要买质量最好的"。由表 6 – 10 可见，控制

组选择非常赞同的实验对象为 6 人，相对其他处理组人数较高，而且选择非常不赞同的人数也少于其他处理组。这意味着，强调身份降低了其购买高质量商品的意愿。

表 6 – 10　　　　　　　　　　　消费观点的分组统计

分组	非常赞同	赞同	一般	不赞同	非常不赞同	合计
控制组	6	9	14	6	2	37
强调流动身份	2	8	9	9	4	32
强调城乡身份	3	13	11	5	3	35
强调流动和城乡身份	3	8	13	9	3	36
合计	14	38	47	29	12	140

对以上两个机制的回归分析结果也是统计显著的。其他可能机制如五年后是否返乡、生活幸福感等都不显著，不再列出结果。

6.5　结论及建议

本章首次通过问卷实验方式检验国内流动人口身份认知对其消费意愿影响。我们构造了外地人口、农村户籍人口和外地农村户籍人口三种身份，全面揭示流动人口的不利境况。通过和控制组对比，我们发现强调这些不利身份地位会降低流动人口消费倾向，特别是实用型消费品消费档次降低。可能的机制是强调身份让流动人口认识到自己不利地位，改变消费观念并将消费参照对象选为老家的低收入者。本章对认识流动人口低消费原因提供了心理层面的直接证据。

本章的政策含义也很直观。虽然近年政策在大力推进公共服务均等化，为流动人口创造福利，但社会融合远不能一蹴而就。长期的户籍制度带来的身份意识的影响需要更多优惠政策和更长时间来解决。

由于样本限制，本章实验对象的流动人口职业较为单一，年龄偏大，未来可以拓展实验人群，研究更具代表性流动人口的身份认知效应。

附录：调查问卷

强调流动人口与本地人（priming Ⅰ）

1. 您的户口所在地是北京还是外地？

   A. 北京　　　　　　　　　B. 外地

2. 您觉得拥有本地户口的人相比外地户口的优势包括（可多选）：

   A. 有房子　　　　　　　　B. 工作好收入高

   C. 福利好　　　　　　　　D. 子女教育

3. 北京本地人口收入和财富水平远超全国平均水平，您知道这一事实吗？

   A. 十分了解　　　　　　　B. 大概知道

   C. 完全不了解

4. 您从老家坐火车到北京要多长时间？

   A. 1 小时以内　　　　　　B. 1 小时以上 5 小时以内

   C. 5 小时以上

5. 您和老乡交流时，使用老家话还是普通话？

   A. 老家话　　　　　　　　B. 普通话

6. 您知道现在没有北京户口的孩子能就读北京公立高中吗？

   A. 能　　　　　　　　　　B. 不能

强调城乡（priming Ⅱ）

1. 您的原户籍类型是：

   A. 农业人口　　　　　　　B. 城市人口

2. 您觉得住在城市的拥有城市户口的人相比农村户口的优势包括（可多选）：

   A. 有房子　　　　　　　　B. 工作好收入高

   C. 福利好　　　　　　　　D. 子女教育

3. 北京的城镇户籍人口收入和财富水平远远超过全国平均水平，您了解这一事实吗?

　　A. 十分了解　　　　　　　B. 大概知道

　　C. 完全不了解

　　4. 您老家农村居住地到省会城市中心驾车需要多久?

　　A. 半小时以内　　　　　　B. 半小时至 1 小时之间

　　C. 1 小时以上

　　5. 您和农村老乡交流时,使用老家话还是普通话?

　　A. 老家话　　　　　　　　B. 普通话

　　6. 您知道现在没有城市户口的孩子能就读城市内公立高中吗?

　　A. 能　　　　　　　　　　B. 不能

同时强调流动身份和城乡身份 (Priming Ⅲ)

　　1. 您的原户籍类型是:

　　A. 外地户口和农业人口　　B. 外地户口和城市人口

　　C. 北京户口和农村户口　　D. 北京户口和城市户口

　　2. 您觉得住在城市的拥有本地城市户口的人相比外地农村户口的优势包括 (可多选):

　　A. 有房子　　　　　　　　B. 工作好收入高

　　C. 福利好　　　　　　　　D. 子女教育

　　3. 北京本地尤其是城镇户籍人口收入和财富水平远超全国平均水平,您知道这一事实吗?

　　A. 十分了解　　　　　　　B. 大概知道

　　C. 完全不了解

　　4. 您老家农村居住地到北京城市中心驾车需要多久?

　　A. 半小时以内　　　　　　B. 半小时至 1 小时之间

　　C. 1 小时以上

　　5. 您和农村老乡交流时,使用老家话还是普通话?

　　A. 老家话　　　　　　　　B. 普通话

　　6. 您知道现在没有北京城市户口的孩子能就读北京市内公立高中吗?

　　A. 能　　　　　　　　　　B. 不能

控制组

1. 您的现居住地在北京市的哪个区：＿＿＿＿＿＿区（/县）

2. 您对北京的公共交通满意吗？

A. 满意   B. 一般

C. 不满意

3. 您每天有看新闻吗？

A. 看   B. 不看

4. 您现住的地方离工作地点有多远？

A. 附近   B. 公交半小时内

C. 公交 1 小时内   D. 公交超过 1 小时距离

5. 您跟朋友联系一般用电话还是用微信？

A. 电话   B. 微信

C. 其他

6. 您的孩子上高中了吗？

A. 在上   B. 上过了

C. 没上   D. 还没有孩子

问卷其他问题：

7. 在下列各情景中，您愿意选择即时获得 10 元还是一周后获得更多的报酬：

（1）A. 当前获得 10 元   B. 一周后获得 11 元

（2）A. 当前获得 10 元   B. 一周后获得 12 元

（3）A. 当前获得 10 元   B. 一周后获得 13 元

（4）A. 当前获得 10 元   B. 一周后获得 14 元

（5）A. 当前获得 10 元   B. 一周后获得 15 元

（6）A. 当前获得 10 元   B. 一周后获得 16 元

（7）A. 当前获得 10 元   B. 一周后获得 17 元

（8）A. 当前获得 10 元   B. 一周后获得 18 元

（9）A. 当前获得 10 元   B. 一周后获得 19 元

（10）A. 当前获得 10 元   B. 一周后获得 20 元

8. 请列出三件你觉得对自己很有价值但现在还没拥有的消费品：（除去房子）

（1）_____ （2）_____ （3）_____

9. 在未来一年里，你是否愿意使用贷款购买以上商品？

A. 愿意　　　　　　　　B. 不愿意

10. 想象你的工友去超市购买牙膏，面临以下价格的牙膏，您认为大多数工友会选择哪个？（消费量和质量）

A. 单价 5 元的牙膏　　B. 单价 7 元的牙膏　　C. 单价 9 元的牙膏

D. 单价 11 元的牙膏　　E. 单价 13 元的牙膏　　F. 单价 15 元的牙膏

11. 面临以上选择，您愿意选择哪一种牙膏？_____

12. 想象你的工友现在要买一个衣柜，你认为在以下几个选择中，大多数工友会做哪个选择？

组合编号	选择	价格（元）
A	高档衣柜	2500
B	中高档衣柜	2000
C	中档衣柜	1500
D	中低档衣柜	1000
E	低档衣柜	300
F	二手衣柜	100

13. 若你自己要买一个衣柜自用，你在以上几个选择中会做哪个选择？_____

14. 明年春天穿的薄大衣的质量越高价格越高，您认为您的大多数工友会购买下面哪一款价格的薄大衣？

组合编号	价格（元）
A	5000 及以上
B	3000 ~ 5000
C	2500 ~ 3000

组合编号	价格（元）
D	2000 ~ 2500
E	1500 ~ 2000
F	1200 ~ 1500
G	800 ~ 1200
H	500 ~ 800
I	1 ~ 500

15. 面临上述明年春天穿的薄大衣选择时，您计划选择哪一款？

————

16. 如果您和朋友约好在一个坐地铁需要一个小时（驾车需要 20 分钟）的地方吃饭，但是由于一些意外情况在离约定的时间只有不到半小时的时候您才得以出门，而朋友已经到了，这种情况下您会打出租车过去吗？

A. 会　　　　　　　　B. 有可能

C. 不会

17. 在过节或者家人生日时，是否愿意到附近餐馆就餐？

A. 总是　　　　　　　B. 偶尔

C. 在家过就好

18. 您是否计划近期为自己或家人购买医疗商业保险？

A. 没有计划　　　　　B. 有一点计划还不确定

C. 一定会购买

19. 您是否认可如下说法：有钱就要消费。

A. 非常赞同　　　　　B. 赞同

C. 一般　　　　　　　D. 不赞同

E. 非常不赞同

20. 您是否认可以下说法：买东西就要买质量最好的。

A. 非常赞同　　　　　B. 赞同

C. 一般　　　　　　　D. 不赞同

E. 非常不赞同

21. 您对当前自己的养老、医疗等社会保险是否满意？

A. 很满意　　　　　　　　　　B. 比较满意

C. 一般　　　　　　　　　　　D. 不满意

E. 很不满意

22. 您对未来工作和收入提高有信心吗？

A. 很有信心　　　　　　　　　B. 有信心

C. 一般　　　　　　　　　　　D. 缺少信心

E. 完全没有信心

23. 想象一下五年后，您会返回老家还是继续留在本地？

A. 返回老家　　　　　　　　　B. 继续留在本地

C. 不确定

24. 您认为自己的购物习惯与以下哪一类人群相近？

A. 比我收入低的家乡人　　　　B. 收入相当的家乡人

C. 比我收入高的家乡人　　　　D. 收入相当的城市人

E. 收入较高的城市人　　　　　F. 比我收入低的城市人

25. 您认为整体而言自己生活幸福吗？

A. 很幸福　　　　　　　　　　B. 比较幸福

C. 一般　　　　　　　　　　　D. 不幸福

E. 很不幸福

基本信息采集（承诺绝不外传）

1. 您的性别是？

A. 男　　　　　　　　　　　　B. 女

2. 请问您的年龄是____岁。

3. 请问您是农村户籍还是城镇户籍？

A. 农村户籍　　　　　　　　　B. 城镇户籍

4. 您老家是在哪个省？_____

5. 您的最高受教育程度：

A. 小学及以下　　　　　　　　B. 初中

C. 高中（包括中专）　　　　　D. 大学（包括大专）及以上

6. 您目前的婚姻状态？

A. 未婚　　　　　　　　　　B. 已婚

C. 离异（或丧偶）

7. 您的具体工作是：_____

8. 您的个人在本地的平均月收入：

A. 2500 元及以下　　　　　B. 2500~4500 元

C. 4500~8000 元　　　　　D. 8000~10000 元

E. 10000 元及以上

9. 您的家庭在本地的平均月收入为：

A. 2500 元及以下　　　　　B. 2500~4500 元

C. 4500~8000 元　　　　　D. 8000~10000 元

E. 10000~50000 元　　　　F. 50000 元以上

10. 您家庭的平均在本地月支出：

A. 600 元及以下　　　　　B. 600~1500 元

C. 1500~3000 元　　　　　D. 3000~6000 元

E. 6000~10000 元　　　　F. 10000 元及以上

11. 您每周的工作时间约多长？

A. 35~40 小时　　　　　　B. 40~50 小时

C. 50~60 小时　　　　　　D. 60 小时以上

12. 您经常去哪些场所购物？（根据频繁程度由多到少依次选择三项）

（1）_____　　（2）_____　　（3）_____

A. 大型商场　B. 专卖店　C. 超市　D. 批发市场　E. 网络购物（品牌旗舰店或代购）　F. 网络购物（非代购或品牌旗舰店）　G. 小商店 H. 地摊

13. 您的日常消费中以下哪一项所占比例最高？

A. 食物消费

B. 孩子教育花费

C. 购置服装首饰

D. 娱乐消费（旅游休闲、购买新款数码产品等）

E. 美容健身

14. 您平时是否需要往家乡汇款?

A. 是　　　　　　　　　　　　B. 不需要

15. 您目前的消费主要发生在家乡还是现居住地?（食物类支出除外）

A. 家乡　　　　　　　　　　　B. 现居住地

第 7 章

流动人口消费问题分析

——户籍变动视角

7.1 引　　言

　　理解中国家庭消费行为的重要性不言自明。目前对我国国内低消费现象有众多解释，包括宏观统计等多个视角（朱天和张军，2014）。有部分研究对我国独特的户口制度所产生的庞大农民工群体的消费行为进行分析[①]。农民工及其家庭的经济行为既不同于传统在家务农的农民，也不同于拥有城市户口的居民（国务院发展研究中心课题组，2010；樊纲和郭万达，2013）。在消费行为上，农民工相比于城市居民和农村未外出居民，其家庭消费率是三个群体中最低的，并且呈现下降趋势，是我国低消费率的重要原因（张勋等，2014）。从消费构成来看，农民工与城市居民有着显著差异：农民工的消费模式相对单一，其生存性消费在支出中仍占据重要地位（国务院发展研究中心课题组，2010）。除了备受关注的农民工群体，户口制度还产生了大量城城流动人口，即从一个城市迁移到另外一个城市工作的人口。他们的特点是，虽然已经具有非农户口，但是没有流入城市的本地户口。目前对这部分人口的专门数据统计较少，但理论上，因为没有流入地的本地户口，这部分人群难以充分享受当地的公共服务等社

[①]　根据统计局公布的全国农民工监测报告，2017 年我国农民工总量已达到 2.86 亿，占到了全国劳动力份额的相当大比重。

会福利，从而使其家庭消费行为和本地城市居民存在差异。例如，在北京的大量"北漂"人群，虽然具有家乡的城市户口，但是没有获得北京当地城市户口，在北京的生活仍然面临诸多不便。本章将农民工和城城流动人口统称为流动人口，分别进行分析。

虽然统计数据验证了农民工消费率低于城市居民，但是农民工通过户口转变成为城市居民后，其家庭消费率会提高还是降低仍是未知的。消费率由收入和消费支出共同决定，城市户口获得对农民工收入往往有正向影响（万海远和李实，2013），但是户口获得对于农民工消费支出的影响存在不确定性。一方面，由于更可能获得与本地城市户口绑定的社会保障，降低了城市生活的不确定性，从而提高消费，或者由于城市消费示范效应而增加消费量。另一方面，完全转变为城市居民后也可能面临城市居民的新问题，例如面临比农村生活更高的未来买房支出，因此储蓄增加消费下降。获得城市户口甚至可能由于消费习惯在短时间内难以改变消费。城城流动人口也处于类似处境，所以通过户口转变成为本地居民后，其家庭消费率会提高还是降低也是未知的。在中国户口改革的大背景下，流动人口获得城市户口将越来越容易。研究流动人口户口改变后对其消费行为影响对于评估户口改革的经济效应有一定意义。本章试图回答以下问题，户口改革是否一定会如同预期一般释放流动人口的消费潜力，以及户口获得对于消费行为的影响在短期和长期是否一致。

一些文献通过比较农民工和城镇居民，发现农民工的消费率远低于城市居民，将这两个群体之间差值近似为户口对于农民工群体消费的限制程度，进一步近似为放松户口限制后农民工群体消费潜力的释放空间（蔡昉，2011；陈斌开等，2010；国务院发展研究中心课题组，2010；Song et al.，2010；Chen et al.，2015）。这个结论隐含假设农民工群体获得户口后会像城镇居民那样消费。但是农民工与城镇居民的异质性并不仅仅来源于户口这一项，生活观念、生活习惯、文化习俗等会导致两类群体的边际消费倾向和消费偏好有很大差异，所以获得城市户口的农民工未必会像城市居民那样消费。农民工和城镇居民之间可比性值得质疑。因此，本章不采用文献中的做法对比农民工和城镇人口，而是在农民工内部寻找可比的对照组和处理组，通过对比获得城市户口的农民工人口和户口不变的农民工人口，更加准确地度量农民工在户口获得后消费行为的变化。针对城城流动人口的类似分析较少，本章同样认为，相比将城城流动人口和本地城市居民进行对比，在城城流动人口内部寻找可比的对照组和处理组可以更加准确地分析户口获得对其消费行为的影响。

本章将使用一个较新且规模较大的微观数据库，重点关注户口属性发生改变的两类流动人口群体，使用倾向得分匹配和双重差分相结合的方法构造反事实，估计户口改变对流动人口家庭消费行为的影响。此外，本章在分析流动人口市民化的短期消费效应后，讨论了可能的长期影响。本章的短期效应指在对比 2010～2012 年两年内流动人口获得城市户口后消费模式的变化，长期效应指对比 2010～2014 年四年内流动人口获得城市户口后消费模式的变化。

本章剩余部分组织如下：7.2 节对文献进行总结和述评；7.3 节介绍研究使用的数据和主要方法；7.4 节分析户口变化后流动人口家庭消费行为的变化；7.5 节对基本结论进行了稳健性讨论；7.6 节进行机制分析并讨论了长期效应；7.7 节给出主要结论。

7.2　文　献　回　顾

7.2.1　关于中国居民消费的一般性探讨

关注到中国居民消费不足并进行定量分析的研究出现较早，并总结了一些可能的影响因素，如年龄结构（Modigliani and Cao，2004）、消费习惯（Chamon and Prasad，2010）、社会文化（Carroll et al.，1994）、相对收入（Sun and Wang，2013）、预防性储蓄（Meng，2003；宋铮，1999；万广华等，2001；罗楚亮，2004；孙凤，2001；孙文凯和白重恩，2008）等。查蒙和普拉萨德（Chamon and Prasad，2010）使用城镇家庭调查数据对各种可能解释进行了总结性分析，认为生命周期不平滑的消费、为应对住房、教育和医疗等各种潜在支出的储蓄以及消费习惯等都导致中国居民消费不足。

7.2.2　对流动人口消费的一般性研究

一些研究分析了流动人口的消费现象。一般来讲，这些研究都指出了流动人口消费率低、消费单一等现象。流动人口消费率低有多重原因。由于不具有真正的城市居民身份，流动人口就业通常更不稳定，更容易遭受周期性失业的冲击[①]。流动人口收入通常较低，所享受的社会保障和社会保护较少[②]，而且不能均等地享受义务教育和保障性住房等方面的公共服务（中国发展研究基金会，2010；樊纲和郭万达，2013；张勋等，2014）。若干研究表明，社会保障覆盖能够促进消费，未被社会保障覆盖或者社会保障水平低，则会造成对未来的不稳定预期，从而制约消费（Feldstein，1974；Munnell，1974；张继海，2008；钱文荣和李宝值，2013）。一些直接针对流动人口的研究显示了社会保障对消费促进的重要性（卢海阳，2014；明娟和曾湘泉，2014）。

也有一些比较全面的关于流动人口消费影响因素的分析。孔祥利和粟娟（2013）利用全国 28 省区市 1860 份流动人口消费调查数据，讨论了流动人口消费的影响因素，指出流动人口消费受经济、社会以及个人三维条件的约束。曹广忠、李凯和刘涛（2012）基于 12 个城市的抽样调查数据，对流动人口家庭消费结构的层次特征、城乡差异及其影响因素进行了探究，发现流动人口家庭消费中生存消费仍占有绝对比重，高层级消费处于抑制状态，未来倾向于定居城市的家庭消费结构层次明显高于未来打算返回老家的家庭，受教育水平的提高可以带动流动人口家庭在地位消费和享受消费上的支出。其他类似研究不再一一列举。

对消费参照系的研究提供了理解流动人口消费行为的新视角，即流动人口消费时参考哪些群体的消费水平会对其消费有显著影响。孙和王（Sun and Wang，2013）的研究指出，农村户籍流动人口消费很大程度参

---

① 2008 年金融危机发生后，7000 万在城镇就业的流动人口春节提前返乡，其中有 1200 万人是因为与金融危机有关的因素而返乡的（盛来运，2010）。这是周期性失业影响流动人口的典型例证之一。

② 大多数流动人口未被社会保障体系覆盖，目前流动人口参加养老保险和医疗保险的比例均不到 20%（国家统计局农村司，2014）。

照其所在村其他居民的消费水平。农村户籍流动人口在身份上仍然是"农民",但在城市工作有相对于普通农民更高的收入,如果其仍然参照农村居民的低消费水平,其消费率必然较低。也有一些研究从融入城市社会视角讨论了流动人口消费。汪丽萍(2013)指出新生代流动人口由于更认可城市生活而可能超前消费。张文宏、雷开春(2008)发现流动人口在城市的居住时间越长,其社会融合程度越高,同时家庭消费显著增加。

总体来看,流动人口消费行为的影响因素已有一些研究,部分以讨论为主,也有使用微观调查数据进行的研究,但在处理选择性、内生性等问题上还有待深入。

7.2.3 从户口视角解释流动人口消费行为的研究

明确从中国户口改革角度研究户口对流动人口消费影响相对较少。蔡昉(2011)指出,农村劳动力向城市转移增加了农民家庭的收入,有利于形成新的消费群体。但是,由于不完全的城市化,没有实现流动人口户口身份的转换,未能把流动人口纳入城市基本公共服务体系,使得流动人口尚未成为足够大的消费群体。社会保障制度的完善、劳动力市场制度的建设和户口制度改革在内的相应制度变革,有助于挖掘流动人口的消费潜力。该研究提供了一些基本的总量数据描述,更多属于理论探讨。国务院发展研究中心课题组(2010)运用 CGE 模型,分析了流动人口市民化对扩大内需和经济增长的影响,这是一个理论模拟结合总量数据的分析。分析显示,流动人口市民化可以促进居民消费和固定资产投资的增长,降低经济增长对进出口的依赖程度。市民化还可以改善流动人口的消费结构,增加流动人口对工业产品和服务业的需求。宋等(Song et al. , 2010)以理论模型为主结合调查数据,对流动人口与城市居民两个群体进行了对比分析,发现流动人口的边际消费倾向更低,流动人口消费需求的收入弹性还不到城市居民的一半。因此,如果采取措施加快流动人口市民化进程,流动人口的潜在消费需求就可以得到很大程度的释放。陈斌开等(2010)利用中国社会科学院的微观家庭调查(CHIPS)2002 年数据对比分析了流动人口和城镇居民边际消费倾向差异,认为如果不考虑政策调整的一般均衡效应,放松户口限制可以使 2002 年移民人均消费水平提高 20.8%,居民总体消费水平提高 2.2%。与宋等（Song et al.，2010）相比，陈斌开等（2010）的估计方程控制了较多其他影响消费的因素，从而在相对可比的视角下分析流动人口和城镇居民消费行为差异。陈等（Chen et al.，2015）使用了类似数据（CHIPS，2007 年）估计了户口制度对于流动人口消费行为的抑制效应，通过倾向得分匹配方法比较流动人口和与其可比的城镇居民，发现相比城镇居民，流动人口的消费支出低 16% ~ 20%，消费率低 6.7% ~ 8.5%。

上述有限的从户口放开视角对流动人口消费行为进行分析的文章，有的运用如 CGE 理论模型或通过简单讨论进行分析，缺少实证支持，其中使用横截面数据进行实证分析的文章，面临遗漏变量偏误等技术问题，做不到有效识别。此外，有的文章的分析基于流动人口和城镇居民的消费行为差异，但是这两个群体之间区别较多、可比性差，即使放开户口管制，流动人口也未必立即像城市居民那样消费，将流动人口和城镇居民进行直接对比并不合适。寻找可比的对照样本、采用更加严谨的实证分析方法估计户口改变的消费效应仍有待深入研究。相比于已有研究，本章区分了城乡流动和城城流动人口差异，并且区别了本地城市户口获得和一般性城市户口获得影响差异，采用科学方法对户籍获得的不同时期消费效应进行重新评估。

7.3 数据描述与研究方法

7.3.1 CFPS 数据介绍

本章使用的微观数据是中国家庭追踪调查（China Family Panel Studies，CFPS）。CFPS 由北京大学中国社会科学调查中心执行数据收集，数据调查覆盖除西藏、青海、新疆、宁夏、内蒙古、海南以及香港、澳门、台湾地区以外的 25 个省份，涵盖我国 95% 的人口。CFPS 2010 年基线调查的全国代表性样本数据包含了 107 个行政性区（县）、424 个行政性村（居），共有 9500 个家户样本和 21760 个成人样本。经 2010 年基线调查界定出来的所有基线家庭成员及其今后的血缘、领养子女将作为 CFPS 的基因成员，成为永久追踪对象。目前已经有 2010 年、2012 年、2014 年三年的跟踪数据。

7.3.2　变量定义

CFPS 提供了四类家庭支出，分别是居民消费性支出、转移性支出、保障性支出和建房购房贷款支出。本章主要选取了其中的消费性支出，包括食品支出、衣着支出、交通通信支出、家庭日常/家电/服务支出、居住支出、医疗保健支出、文娱休闲支出、教育支出和其他支出。并且因为问卷问题的调整，三年问卷（2010 年、2012 年、2014 年）中每项具体消费性支出所包含的问卷问题并不完全一致。为了保持每年的可比性，本章以 2010 年的消费统计口径为基础，保留了三年问卷中共有的消费项目①。

除了统一具体消费支出定义外，本章还删除了其中两个不可比的支出项目。第一个是"其他支出"，因为 2010 年、2012 年、2014 年三年问卷中其定义无法统一，并且该项在总支出中的占比很低。第二个是"家庭日常/家电/服务支出"中购买家用电器和交通工具的支出，因为这类消费数额较大且偶然性很强，容易带来家庭在不同年份之间消费额的极端改变，并且在统计中无法将全款购入和贷款购入区分清楚，无法保证数据不同年份之间的可比性。

去掉上述两项后，本章对剩余的消费项目进行了极端值处理②，然后加总得到家庭消费支出 1。参考陈等（Chen et al.，2015）对 CHIP（China Household Income Project）消费数据的处理，本章也尝试去掉了"居住支出"中的房租支出，得到家庭消费支出 2。因为对于自有住房的城市居民和农村居民，并没有该项支出。而对于拥有职工宿舍的流动人口，该项支出也往往为零。参考马光荣和周广肃（2014）对 CFPS 消费数据的处理，本章也尝试将教育支出和医疗支出删除得到家庭消费支出 3。因为教育支

---

① 具体处理方式见本章附录。

② 采用 1% Winsorize 极端值处理方法：如果一个样本某变量的值大于该变量的 99 分位数，则该样本的值被强制指定为 99 分位数的值；类似地，如果一个样本某变量的值小于该变量的 1 分位数，则该样本该变量的值被强制指定为 1 分位数。

出与家庭是否有孩子处于上学阶段有直接关联，而大额的医疗支出则有较大的突发性，因此教育支出和医疗支出与家庭成员的年龄和健康状况有很大关系，且具有很强的支出刚性。最后，同时将房租支出和教育医疗支出消费删除，得到家庭消费支出 4。

简单以上述定义的家庭消费支出除以 CFPS 提供的家庭纯收入，发现数据中有大量大于 1 的异常值。这些异常值的产生，主要是因为家庭纯收入中的异常低值，使得家庭支出远超过家庭收入。考虑到收入数据往往难以准确采集，这些支出远超过收入的家庭很可能并不真的是低收入家庭，而是低报或者隐瞒了部分收入。本章依据居民最低生活保障标准筛选出这部分家庭并予以删除①。

最终将四种家庭消费支出除以家庭纯收入，得到四种定义的家庭消费率②，是本章分析的主要变量。

7.3.3　处理组和控制组定义

CFPS 虽然没有提供直接的问卷问题来区分流动人口，但是其数据调研方式为流动人口的识别提供了途径。CFPS 在进行调查抽样时没有采用常规的户口花名册方式制作末端抽样框，而是通过地图地址法制作末端抽样框。通过实地绘图过程，绘制出村/居所有建筑物，并对其中的空户、非住户、商用、商住两用、一宅多户和一户多宅等特殊问题进行处理，排除非住户信息和特殊地址信息，并且将住址和住户信息一一对应。住户户口在本村/居的按照户口本的户主姓名填写住户信息；户口不在本村/居的，按照实际居住在该住宅的户主姓名填写住户信息。本章首先排除CFPS中的农村家户，将分析限定到城市③家户。具体而言，根据 CFPS 的抽样原则，也就是居住在城市传统居民住宅内的、家中至少有一人拥有中国国

---

① 具体处理方式见本章附录。

② 得到的消费率仍有异常值，某些消费率的极大值为两位数，因此对于计算得到的消费率采用5% Winsorize 极端值处理方法。分别尝试了1% 和10% 的处理，结论保持一致。

③ 本章的城乡分类是依据国家统计局的城乡分类。

籍、并且绝大部分的家户中至少有一名成员居住满 6 个月①②。根据户口情况,可以将这些居住在城市的家户分为两类:本地③居民和流动人口。本地居民是指持有本区县城市户口的家户。流动人口是居住在本区县的城市地区、但并不具有本区县城市户口的人群,具体分为两类:一类为进城农民工(持有农村户口);一类为城城流动人口(持有外地城市户口)。值得注意的是,本章农民工的定义与国家统计局《农民工检测调查报告》中的定义有所不同。国家统计局将农民工定义为户口仍在农村在本地从事非农产业或外出从业 6 个月及以上的劳动者,将进城农民工定义为居住在城镇地域内的农民工。因此本章的"农民工"其实对应着国家统计局的"进城农民工"。因而,本章分析的农民工群体是进城农民工户口获得的影响,而不是全体农民工,主要排除的是本地从事非农产业的农民工和外出在其他乡村就业的农民工。

CFPS 跟踪数据的性质使得我们可以观察到受访者户口身份及经济行为的变化,本章主要关注在城市的流动人口(农民工和城城流动人口)在户口改变为城市后家庭消费行为的变动。城市户口获得可以分为两个维度:一个是获得城市户口,从农村改变为城市(rural to urban);一个是获得本地户口,从外来变为本地(migrant to local)。本章试图区分这两种不同的维度以判定哪种维度的改变更为重要。因此,农民工群体的户口改变可以分为两种情况:(1)获得城市户口。(2)获得本地城市户口。城城流动群体则只有一种情况:获得本地户口。本章关注的是户口获得正向变化所带来的影响,因而对于逆方向的特殊情况,包括农民工户口由本地农村变为外地农村、农民工户口由外地农村变为本地农村、城城流动人口户口由城市变为农村,本章予以删除。

表 7-1 显示了 2010 年城市流动人口在 2012 年的户口变动情况。可

---

① 根据 CFPS 提供的报告,"最初调研中要求受访家庭户中至少有一名成员在抽样社区居住时间满 6 个月,但在执行过程中,这一条件被取消,实际被这一条件过滤掉的仅有极少数家户"。

② 恰好与相关文献及国家统计局官方对农民工的定义中强调"外出从业 6 个月及以上"对应。

③ CFPS 中询问了现在户口所在地是本村/居委会、本乡/镇/街道的其他乡/镇/街道、本县/县级市/区的其他乡/镇/街道、本省的其他县/县级市/区,境内其他的省/自治区/直辖市。本章将本地的范围限制在前三种情况,如果户口所在地为本省的其他县/县级市/区或者其他省/自治区/直辖市,则不视为本地。

以发现大部分农民工户口保持不变，发生变动的群体中户口由农业变为非农情况较多，这与农民工中本地农民工占比更大有关。城城流动人群中户口变动占比相比更大，这也与目前户口改革实践中城城流动人口比农民工更可能获得流入地户口的情况一致。

表 7 - 1　　　　　　　　2010 ~ 2012 年流动人口户口变动　　　　　单位：人

户口性质	不变	农业—非农	合计
农民工	1174	180	1354
城城流动	193	0	193
户口所在地	不变	外地—本地	合计
农民工	1338	16	1354
城城流动	81	112	193

注：本章主要目的是识别户口改变效应，虽然经过严格处理的样本较少，但满足统计检验的样本要求。

　　本章将处理组（treat group）分别定义为：（1）户口由农村变为城市的农民工；（2）户口由农村变为本地城市的农民工；（3）户口由外地变为本地的城城流动人口。将户口性质和户口所在地均没有变化的对应群体（农民工/城城流动人口）视为对照组（control group）。最终得到对照组和处理组分布情况如表 7 - 2 所示，获得城市户口的农民工有 180 人；获得本地城市户口的农民工有 169 人；获得本地户口的城城流动人口有 112 人。

表 7 - 2　　　　　　　　2010 ~ 2012 年处理组对照组分布情况　　　　　单位：人

	对照组	处理组	合计
农民工—城市户口	1174	180	1354
农民工—本地城市户口	1174	169	1343
城城流动—本地户口	81	112	193

户口所在地及户口类型发生变化的原因包括：（1）在城市就业生活，满足该地落户条件，如积分落户、购房等。（2）土地被征用从而通过拆迁落户。（3）建制改变，如乡改镇、城镇边界扩张、整村搬迁等等。（4）读书、参军造成的临时落户。本章基本可以排除土地征用及建制改变这两种情况所造成的户口变动。因为本章基于 CFPS 的数据抽样方式所选取的分析对象为居住在城市的农村人口，而拆迁或者建制改变会使得居住在农村的农村人口最终成为居住在城市的城市人口，并不存在一个居住在城市的农村人口的过渡阶段。唯一的例外是外地农民工中户口由外地农业变为外地非农的情况，但是其数量较少，影响有限。此外，本章也可以排除读书、参军造成的临时落户。首先 CFPS 数据的抽样方式并不包括学校、军队这些特殊地点，并且本章分析的户口变动的流动人口中也并没有学生和军人，因此可以排除这种情况。综上所述，本章分析主要针对流动人口在城市达到一定标准后满足落户条件而获得城市户口的情况。

表 7-3 显示了处理组和控制组在不同年份之间消费情况的变化。可以发现两类流动人口的处理组和控制组的家庭消费性支出都在逐年增加，并且消费率变动趋势也保持一致。虽然在消费模式上表现出了相似性，但是处理组和控制组在家庭特征方面存在较大不同。根据表 7-4 可以看出，农民工群体中，无论是所有获得城市户口的处理组还是获得本地城市户口的处理组，家庭收入和家庭净资产高于一直未能获得城市户口的家庭，户主的年龄、教育水平和健康情况也表现出类似特征，并且家庭中老年人占比较低、而孩子占比较高。不同于农民工群体，城城流动人口中获得本地户口的处理组家庭人均收入、人均净资产反而低于一直未能获得本地户口的家庭，户主的教育水平和健康情况也较低。不过类似农民工群体，家庭中老年人占比较低、孩子占比较高。

这意味着，户口改变的流动人口家庭本身存在一定选择性，下文使用的匹配和双重差分结合方法一定程度上解决了这个问题。此外，考虑到农民工群体和城城流动人群中处理组和控制组的不同特征，后文中将农民工群体和城城流动人群分别进行分析。

表 7-3　　　　　　　流动人口家庭消费行为变动情况

变量		2010 年			2012 年			2014 年		
		样本数	均值	标准差	样本数	均值	标准差	样本数	均值	标准差
城市户口处理组	家庭消费性支出 1（元）	180	28004	19392	180	34235	22178	132	41768	25522
	家庭消费性支出 2（元）	180	27124	18556	180	33742	22066	132	40717	24477
	家庭消费性支出 3（元）	180	20677	14629	180	27829	18249	132	33823	21738
	家庭消费性支出 4（元）	180	19797	13659	180	27336	18092	132	32771	20662
	家庭消费率 1	180	0.795	0.552	180	0.837	0.608	123	0.825	0.527
	家庭消费率 2	180	0.777	0.546	180	0.823	0.600	123	0.805	0.514
	家庭消费率 3	180	0.568	0.380	180	0.674	0.501	123	0.652	0.390
	家庭消费率 4	180	0.550	0.372	180	0.661	0.494	123	0.632	0.376
本地城市处理组	家庭消费性支出 1（元）	169	27233	17989	169	32986	20211	124	40354	24340
	家庭消费性支出 2（元）	169	26566	17509	169	32692	20145	124	39593	23658
	家庭消费性支出 3（元）	169	20002	13672	169	26771	16397	124	32482	20217
	家庭消费性支出 4（元）	169	19336	13045	169	26477	16305	124	31721	19547
	家庭消费率 1	169	0.809	0.565	169	0.837	0.610	116	0.827	0.536
	家庭消费率 2	169	0.794	0.557	169	0.829	0.606	116	0.809	0.524
	家庭消费率 3	169	0.574	0.389	169	0.673	0.502	116	0.651	0.397
	家庭消费率 4	169	0.559	0.380	169	0.665	0.498	116	0.632	0.382
对照组	家庭消费性支出 1（元）	1174	6381	5044	1174	7688	5692	875	8979	6234
	家庭消费性支出 2（元）	1174	6194	4760	1174	7592	5588	875	8720	5802
	家庭消费性支出 3（元）	1174	4760	4064	1174	6132	4946	875	7079	5237
	家庭消费性支出 4（元）	1174	4573	3730	1174	6036	4848	875	6820	4738
	家庭消费率 1	1174	0.819	0.525	1174	0.841	0.648	776	0.854	0.579
	家庭消费率 2	1174	0.802	0.515	1174	0.833	0.642	776	0.838	0.566
	家庭消费率 3	1174	0.590	0.361	1174	0.656	0.514	776	0.650	0.429
	家庭消费率 4	1174	0.573	0.348	1174	0.648	0.507	776	0.636	0.416

农民工

续表

变量		2010 年			2012 年			2014 年		
		样本数	均值	标准差	样本数	均值	标准差	样本数	均值	标准差
城城流动	处理组	家庭消费性支出 1（元）	112	28797	16394	112	33903	18769	83	42137	22800
		家庭消费性支出 2（元）	112	27330	15715	112	33570	18374	83	41658	22672
		家庭消费性支出 3（元）	112	23985	14785	112	27328	16105	83	35021	18371
		家庭消费性支出 4（元）	112	22518	14150	112	26994	15599	83	34543	18108
		家庭消费率 1	112	0.765	0.456	112	0.865	0.639	81	0.779	0.456
		家庭消费率 2	112	0.725	0.436	112	0.857	0.635	81	0.768	0.451
		家庭消费率 3	112	0.622	0.357	112	0.687	0.507	81	0.638	0.341
		家庭消费率 4	112	0.583	0.332	112	0.680	0.504	81	0.627	0.333
	对照组	家庭消费性支出 1（元）	81	16084	10089	81	16551	8649	58	22795	10928
		家庭消费性支出 2（元）	81	14937	9318	81	16095	8133	58	21845	10175
		家庭消费性支出 3（元）	81	13542	9120	81	13888	7889	58	19641	10259
		家庭消费性支出 4（元）	81	12395	8335	81	13432	7563	58	18691	9451
		家庭消费率 1	81	0.654	0.378	81	0.820	0.611	56	0.730	0.441
		家庭消费率 2	81	0.605	0.331	81	0.805	0.613	56	0.704	0.425
		家庭消费率 3	81	0.545	0.315	81	0.659	0.491	56	0.616	0.335
		家庭消费率 4	81	0.501	0.292	81	0.644	0.492	56	0.590	0.317

注：家庭人均消费性支出按照分省的农村居民消费价格指数或者城市居民消费价格指数进行了调整，以 2010 年为 100。相比 2010~2012 年追踪数据，2014 年样本量缺失是因为有的家庭进行了重组和变动（体现为家户号的变化），无法与基年的情况进行合理对比，因此予以删除。2014 年家庭消费率样本量小于家庭消费支出是因为有的家庭报告的家庭纯收入有缺失。2010 年和 2012 年也存在类似情况，但是如果有消费缺失的情况无法进行后文分析，因此直接删除。表中样本数的单位为个，均值的单位为元。

表 7-4 流动人口特征变量描述性统计

变量		处理组—城市户口			处理组—本地城市户口			对照组		
		样本数	均值	标准差	样本数	均值	标准差	样本数	均值	标准差
农民工	家庭纯收入的对数	169	10.46	0.698	180	10.49	0.712	1174	10.21	0.718
	家庭总资产的对数	169	11.82	3.364	180	11.81	3.289	1160	11.51	3.187
	户主年龄	169	54.16	13.51	180	53.78	13.75	1174	47.39	11.45

续表

变量	处理组—城市户口			处理组—本地城市户口			对照组		
	样本数	均值	标准差	样本数	均值	标准差	样本数	均值	标准差
户主教育年限	169	7.899	4.909	180	7.783	4.933	1174	6.509	4.103
户主健康（1＝非常健康，5＝不健康）	169	1.799	1.009	180	1.783	0.987	1174	1.746	0.934
户主性别（1＝男性；0＝女性）	169	0.657	0.476	180	0.644	0.480	1174	0.705	0.456
户主婚姻（1＝在婚；0＝其他）	169	0.870	0.337	180	0.878	0.328	1174	0.928	0.258
户主民族（1＝汉族，0＝少数）	169	0.976	0.152	180	0.978	0.148	1171	0.964	0.186
户主党员（1＝是，0＝否）	169	0.225	0.419	180	0.222	0.417	1174	0.0537	0.225
家庭人口规模	169	3.503	1.566	180	3.506	1.562	1174	3.902	1.504
家庭60岁以上老人占比	169	0.0896	0.137	180	0.0973	0.141	1174	0.145	0.169
家庭15岁以下孩子占比	169	0.251	0.340	180	0.240	0.335	1174	0.0999	0.232
家庭成年人养老保险覆盖率	169	0.560	0.369	180	0.547	0.369	1174	0.615	0.313
家庭全体医疗保险覆盖率	169	0.422	0.428	180	0.399	0.426	1174	0.197	0.340

（农民工）

变量	处理组			对照组		
	样本数	均值	标准差	样本数	均值	标准差
家庭纯收入的对数	112	10.55	0.746	81	11.05	0.880
家庭总资产的对数	112	11.79	2.904	80	12.52	3.649
户主年龄	112	47.62	13.83	81	45.98	15.10
户主教育年限	112	10.71	4.001	81	11.77	3.287
户主健康（1＝非常健康，5＝不健康）	112	1.607	0.764	81	1.679	0.804
户主性别（1＝男性；0＝女性）	112	0.634	0.484	81	0.556	0.500
户主婚姻（1＝在婚；0＝其他）	112	0.804	0.399	81	0.840	0.369
户主民族（1＝汉族，0＝少数）	112	0.946	0.226	81	0.975	0.156
户主党员（1＝是，0＝否）	112	0.232	0.424	81	0.123	0.331
家庭人口规模	112	2.795	1.572	81	2.864	0.959
家庭60岁以上老人占比	112	0.0898	0.151	81	0.107	0.159
家庭15岁以下孩子占比	112	0.196	0.342	81	0.150	0.311
家庭成年人养老保险覆盖率	112	0.573	0.373	81	0.565	0.345
家庭全体医疗保险覆盖率	112	0.469	0.444	81	0.451	0.436

（城城流动）

注：为了行文简洁，并且后文匹配也只用了基年的特征变量，本表只报告了2010年的情况。表中样本数的单位为个。

7.3.4 方法介绍

以往研究户口制度对流动人口消费行为影响的文章中，很少用到跟踪数据，只使用横截面数据可能忽略流动人口和城市居民不可观测的异质性，使得结论可靠性和外推性受到限制。在本章中，我们使用有丰富个人家庭信息的面板数据，采用倾向得分匹配和双重差分相结合的方法，能够相对有效地解决遗漏变量、选择性等导致的内生性问题。倾向得分匹配能够减弱选择性偏误，得到在共同支撑域内可比较的处理组和控制组样本。双重差分又能够帮助克服不可观测变量的影响，尤其是可以消除随时间不变因素和随时间同步变化因素的影响。

在具体数据计算上，两种方法相互结合与普通倾向得分匹配模型最大的不同就是结果变量。结果变量不再是截面数据，而是连续时间内数据的变化值。海因里希（Heinrich et al., 2010）总结了计算过程，并指出了这种做法的相比于简单的倾向得分匹配模型更有效。在本章中，首先对处理组和控制组的家庭消费率在各自时间序列上做差，这能够消除可能的不可观测的随时间不变因素影响。然后，以差分值作为被解释变量，根据一系列的特征变量进行匹配，估计平均处理效应。

为了保证结果的可靠性，本章在分析方法上进行了稳健性讨论。首先，将采用不同的匹配方法进行稳健性检验，来检验结果对匹配方法的敏感性。本章除了使用一对一匹配法外，也将采用 k 个最邻近匹配法、半径匹配法、核匹配法来估计平均处理效应。此外，后文也采用了双重稳健模型（double robust model）估计户口改变对流动人口家庭消费行为的影响，作为倾向得分匹配和双重差分结合方法的稳健性检验。倾向得分匹配方法虽然在匹配的过程中不需要设定方程形式，但是在估计倾向得分的时候，估计方程设定是否正确直接影响了最终估计结果。双重稳健模型也是利用倾向得分来估计处理变量对结果变量的影响，它的优点是可以允许方程形式设定有偏误（Robins and Rotnitzky, 1995, Robins et al., 1995；Robins and Ritov, 1997）。Robins and Rotnitzky（1995）指出，在倾向得分估计方程和结果估计方程中只要有一个方程形式设定正确，DR 模型得到的结果就会是一致的，因此被称双重稳健①模型。

7.4　实 证 结 果

　　本节主要报告使用倾向得分匹配和双重差分结合方法估计户口改变对流动人口家庭消费率的影响。

　　在报告这个基础结果前，需要说明几个辅助结果。首先，匹配方法的基本思路是先估计一个进入处理组的概率，之后按照此概率（即倾向得分）进行处理组和控制组的匹配。以本章的一个分析为例，处理组为2012年获得城市户口的流动人口家庭，控制组为两年户口保持不变的流动人口家庭。表7-5显示了影响农民工群体进入处理组概率的各个因素的估计系数，控制变量选择很大程度参考了已有研究中提到的影响流动人口流动的解释因素（孙文凯等，2011）。其他分析的控制变量类似，但是对城城流动人口的分析不包括是否本地户口这一项②。

表7-5　　　　　　　　　　协变量对农民工户口改变的影响

控制变量	系数	标准误
年龄	0.023	0.054
年龄平方	0.000	0.001
男性	−0.404 **	0.195
已婚	−0.454	0.324
教育年限	0.097 ***	0.025
健康水平	−0.044	0.100
党员	0.990 ***	0.268
汉族	0.472	0.590

---

　　① 本章主要根据埃姆斯利等（Emsley et al.，2008）提供的STATA命令进行DR模型的估计。

　　② 出于篇幅考虑具体结果没有报告，感兴趣者可以向作者索取。

续表

控制变量	系数	标准误
本地户口	-0.859***	0.290
家庭规模	-0.152*	0.080
15 岁以下孩子占比	-0.281	0.721
60 岁以上老人占比	0.734	0.460
养老保险覆盖率	-1.196***	0.296
医疗保险覆盖率	1.066***	0.238
家庭收入对数值	5.639**	2.395
收入对数值平方	-0.246**	0.114
家庭净资产对数值	-0.021	0.037
净资产对数值平方	0.000	0.004
常数	-34.250***	12.712
样本数	1334	
Pseudo R^2	0.187	

注: 使用了 logit 估计。因变量为户主户口改变,即该家庭中户主的户口由农村户口变为城市户口。控制变量均为 2010 年的户主特征变量和家庭特征变量。***、**、*分别表示在 1%、5%、10% 的水平上显著。

　　此外,进行匹配后需要检验匹配质量,即平衡性检验。一个办法是观察匹配前后控制组和处理组在各个协变量上均值是否有显著差异。表 7-6 显示了农民工群体 2010 年协变量匹配前后在处理组和控制组间的比较。进行匹配前各个因素在控制组和处理组间差异较大,但匹配后都没有显著区别。总体联合检验也接受这些协变量无差异的结论。同样,其他分析的匹配结果也通过了平衡性检验①。

　　在以上检验的基础上,本节估计了户口改变对流动人口家庭消费率的影响。基准分析中包括了三个结果:表 7-7 显示了农民工群体获得城市户口后消费率的变化,表 7-8 显示了农民工群体获得本地城市户

———————————

① 出于篇幅考虑具体结果没有报告,感兴趣者可以向作者索取。

口后消费率的变化，表 7 - 9 显示了城城流动群体获得本地户口后消费率的变化。

表 7 - 6　　　　　　　　协变量匹配质量检验（农民工）

变量	样本	均值		T 检验	
		处理组	控制组	T 值	$p > \mid t \mid$
年龄	未匹配	53.78	47.39	6.78	0.000
	匹配	53.45	52.97	0.33	0.743
年龄的平方	未匹配	3080.7	2376.4	7.43	0.000
	匹配	3038.2	3007.1	0.19	0.847
男性	未匹配	0.64	0.71	- 1.65	0.098
	匹配	0.64	0.64	0.00	1.000
已婚	未匹配	0.88	0.93	- 2.36	0.018
	匹配	0.89	0.91	- 0.89	0.374
教育年限	未匹配	7.78	6.51	3.77	0.000
	匹配	7.70	7.49	0.41	0.683
健康水平	未匹配	1.78	1.75	0.49	0.622
	匹配	1.79	1.71	0.77	0.445
党员	未匹配	0.22	0.05	8.13	0.000
	匹配	0.21	0.17	0.82	0.413
汉族	未匹配	0.98	0.96	0.94	0.348
	匹配	0.98	0.99	- 1.35	0.178
本地户口	未匹配	0.85	0.91	- 2.65	0.008
	匹配	0.85	0.86	- 0.30	0.761
家庭规模	未匹配	3.51	3.90	- 3.28	0.001
	匹配	3.53	3.27	1.58	0.114
15 岁以下孩子占比	未匹配	0.10	0.15	- 3.62	0.000
	匹配	0.10	0.09	0.68	0.496
60 岁以上老人占比	未匹配	0.24	0.10	7.07	0.000
	匹配	0.23	0.29	- 1.38	0.167

续表

变量	均值			T 检验	
	样本	处理组	控制组	T 值	$p > \mid t \mid$
养老保险覆盖率	未匹配	0.55	0.62	− 2.68	0.008
	匹配	0.55	0.56	− 0.28	0.781
医疗保险覆盖率	未匹配	0.40	0.20	7.16	0.000
	匹配	0.40	0.41	− 0.25	0.802
家庭收入对数	未匹配	10.49	10.21	4.80	0.000
	匹配	10.48	10.52	− 0.59	0.556
收入对数平方	未匹配	110.49	104.80	4.79	0.000
	匹配	110.29	111.28	− 0.61	0.545
家庭净资产对数	未匹配	11.81	11.51	1.15	0.252
	匹配	11.79	12.14	− 1.06	0.289
净资产对数平方	未匹配	150.16	142.65	3.05	0.002
	匹配	149.89	155.21	− 1.30	0.195
联合检验	Ps R^2	LR chi2	p > chi2		
未匹配	0.185	193.43	0.000		
匹配	0.028	13.60	0.755		

表 7 – 7　户主户口改变对流动人口家庭消费率的影响——农民工获得城市户口

	匹配方法	处理组两年变化	对照组两年变化	平均处理效应	标准误	共同支持样本量	
						处理组	对照组
消费率1	一对一匹配：$k = 1$	0.050	0.169	− 0.118	0.095	174	1157
	k 最邻近匹配：$k = 5$	0.050	0.224	− 0.174 **	0.081	174	1157
	半径匹配：$\delta = 0.01$	0.023	0.160	− 0.137 *	0.079	161	1157
	核匹配：k；$norm$；bw；0.01	0.050	0.202	− 0.151 *	0.080	174	1157
消费率2	一对一匹配：$k = 1$	0.055	0.177	− 0.122	0.093	174	1157
	k 最邻近匹配：$k = 5$	0.055	0.230	− 0.175 **	0.080	174	1157
	半径匹配：$\delta = 0.01$	0.030	0.170	− 0.140 *	0.078	161	1157
	核匹配：k；$norm$；bw；0.01	0.055	0.210	− 0.155 *	0.079	174	1157

续表

匹配方法		处理组 两年变化	对照组 两年变化	平均 处理效应	标准误	共同支持样本量	
						处理组	对照组
消费 率3	一对一匹配：$k=1$	0.113	0.186	-0.073	0.074	174	1157
	k 最邻近匹配：$k=5$	0.113	0.223	-0.110 *	0.061	174	1157
	半径匹配：$\delta=0.001$	0.097	0.175	-0.077	0.058	161	1157
	核匹配：k；$norm$；bw；0.001	0.113	0.189	-0.076	0.060	174	1157
消费 率4	一对一匹配：$k=1$	0.118	0.194	-0.076	0.071	174	1157
	k 最邻近匹配：$k=5$	0.118	0.229	-0.111 *	0.059	174	1157
	半径匹配：$\delta=0.001$	0.104	0.184	-0.080	0.057	161	1157
	核匹配：k；$norm$；bw；0.001	0.118	0.197	-0.079	0.058	174	1157

注：表中前两列数值是相应组别（处理组或者对照组）的家庭消费率在两年间变化量的均值。平均处理效应为两年家庭消费率变化量的二次差分。共同支持样本量指满足共同支撑假设的样本数量。后文表定义一致。$***p<0.01$，$**p<0.05$，$*p<0.1$。

表 7-8　户主户口改变对流动人口家庭消费率的影响——农民工获得本地城市户口

匹配方法		处理组 两年变化	对照组 两年变化	平均 处理效应	标准误	共同支持样本量	
						处理组	对照组
消费 率1	一对一匹配：$k=1$	0.032	0.201	-0.169	0.102	165	1157
	k 最邻近匹配：$k=5$	0.032	0.246	-0.214 **	0.084	165	1157
	半径匹配：$\delta=0.01$	0.014	0.219	-0.205 **	0.084	149	1157
	核匹配：k；$norm$；bw；0.01	0.032	0.218	-0.186 **	0.086	165	1157
消费 率2	一对一匹配：$k=1$	0.039	0.213	-0.174 *	0.101	165	1157
	k 最邻近匹配：$k=5$	0.039	0.251	-0.212 **	0.083	165	1157
	半径匹配：$\delta=0.01$	0.021	0.224	-0.202 **	0.083	149	1157
	核匹配：k；$norm$；bw；0.01	0.039	0.223	-0.184 **	0.084	165	1157
消费 率3	一对一匹配：$k=1$	0.103	0.206	-0.103	0.079	165	1157
	k 最邻近匹配：$k=5$	0.103	0.237	-0.134 **	0.061	165	1157
	半径匹配：$\delta=0.01$	0.107	0.228	-0.121 *	0.063	149	1157
	核匹配：k；$norm$；bw；0.01	0.103	0.203	-0.099 *	0.059	165	1157

	匹配方法	处理组两年变化	对照组两年变化	平均处理效应	标准误	共同支持样本量	
						处理组	对照组
消费率4	一对一匹配：$k=1$	0.110	0.215	-0.105	0.077	165	1157
	k最邻近匹配：$k=5$	0.110	0.241	-0.131**	0.061	165	1157
	半径匹配：$\delta=0.01$	0.114	0.231	-0.116*	0.062	149	1157
	核匹配：k；$norm$；0.01	0.110	0.209	-0.098*	0.058	165	1157

表7-9　户主户口改变对流动人口家庭消费率的影响——城城流动获得本地户口

	匹配方法	处理组两年变化	对照组两年变化	平均处理效应	标准误	共同支持样本量	
						处理组	对照组
消费率1	一对一匹配：$k=1$	0.134	0.194	-0.059	0.132	102	80
	k最邻近匹配：$k=5$	0.134	0.171	-0.036	0.123	102	80
	半径匹配：$\delta=0.01$	0.151	0.197	-0.047	0.133	94	80
	核匹配：k；$norm$；bw；0.01	0.134	0.202	-0.068	0.125	102	80
消费率2	一对一匹配：$k=1$	0.169	0.238	-0.069	0.124	102	80
	k最邻近匹配：$k=5$	0.169	0.210	-0.041	0.118	102	80
	半径匹配：$\delta=0.01$	0.188	0.245	-0.057	0.127	94	80
	核匹配：k；$norm$；bw；0.01	0.169	0.255	-0.086	0.121	102	80
消费率3	一对一匹配：$k=1$	0.087	0.109	-0.023	0.101	102	80
	k最邻近匹配：$k=5$	0.087	0.098	-0.012	0.095	102	80
	半径匹配：$\delta=0.01$	0.099	0.101	-0.001	0.103	94	80
	核匹配：k；$norm$；bw；0.01	0.087	0.111	-0.024	0.098	102	80
消费率4	一对一匹配：$k=1$	0.131	0.088	0.042	0.138	100	80
	k最邻近匹配：$k=5$	0.121	0.128	-0.007	0.093	102	80
	半径匹配：$\delta=0.01$	0.137	0.141	-0.005	0.101	94	80
	核匹配：k；$norm$；bw；0.01	0.121	0.155	-0.035	0.095	102	80

　　从表7-7和表7-8的结果中都可以看出户主户口改变使得农民工家庭消费率显著降低。无论是从统计显著性上还是效应大小上看，消费率降

低效应在获得本地城市户口的表 7 - 8 中更为明显。以消费率 4 为例，表
7 - 7 中户主获得城市户口后只有一种匹配方法的结果在统计上是显著的，
下降范围为 7. 6% ~ 11. 1%；而表 7 - 8 中户主获得本地城市户口后，三种
匹配方法的结果均为统计上显著，下降范围为 9. 8% ~ 13. 1%。因此对于
农民工群体而言，户口改变的两个维度（城市 + 本地）同时发挥作用时，
影响最为显著。户籍改革的核心不仅仅是从农村到城市，还应该包括从外
地到本地。

　　表 7 - 9 显示了户口变动对于城城流动人口的影响，可以看出无论何
种消费率定义方法和匹配方法，户主户口改变对于城城流动人口家庭消费
率没有统计显著影响。

7.5　稳健性讨论

7.5.1　家庭类型定义的稳健性讨论

　　上文将家庭进行分类的时候是根据家庭中户主的户口状态，即户主为
流动人口那么该家庭就视为流动人口家庭。这是一种较为宽泛的定义，包
括了很多户主为流动人口但是家庭其他成员为本地城市人口的情况。因此
本小节将流动人口家庭限制为家庭所有成员的户口状态都不是本地城市户
口，从而样本量从 1547 个家庭缩小到 1324 个家庭。处理组仍定义为家庭
户主户口变为本地城市户口。控制组为家庭户主户口从未发生变化的流动
人口家庭。采用和上文相似的计算过程，也通过了变量平衡性检验。

　　为了节省篇幅，正文只报告了家庭消费率 4 的结果，其他定义的结果
与之一致①。户口改变对流动家庭消费行为影响如表 7 - 10 所示。农民工
群体消费率显著降低，获得城市户口的降低范围在 11. 2% 到 14. 8% 之间，
获得本地城市户口的降低范围在 14. 7% 到 23. 2% 之间，降低程度大于
表 7 - 7 和表 7 - 8 中宽泛定义的流动人口结果。因为严格定义的流动人口

---

　　①　如果对其他定义的估计结果感兴趣，可以向作者索要。

家庭中没有本地城市居民的稀释作用，户口改变的影响更见明显。而对于城城流动人口，户主户口改变对于家庭消费率仍然没有显著影响。

表 7 – 10　　　　　户主户口改变对严格定义的流动人口家庭消费率的影响

	匹配方法	处理组两年变化	对照组两年变化	平均处理效应	标准误	共同支持样本量	
						处理组	对照组
农民工—城市户口	一对一匹配：$k=1$	0.095	0.207	– 0.112	0.087	101	1056
	k 最邻近匹配：$k=5$	0.095	0.243	– 0.148 *	0.077	101	1056
	半径匹配：$\delta=0.01$	0.087	0.213	– 0.126 *	0.075	96	1056
	核匹配：k；$norm$；bw；0.01	0.095	0.220	– 0.125 *	0.077	101	1056
农民工—本地城市户口	一对一匹配：$k=1$	0.081	0.313	– 0.232 **	0.096	90	1056
	k 最邻近匹配：$k=5$	0.081	0.231	– 0.150 *	0.087	90	1056
	半径匹配：$\delta=0.01$	0.063	0.210	– 0.147 *	0.079	84	1056
	核匹配：k；$norm$；bw；0.01	0.076	0.264	– 0.188 **	0.086	90	1056
城城流动—本地户口	一对一匹配：$k=1$	0.167	0.233	– 0.066	0.151	62	61
	k 最邻近匹配：$k=5$	0.167	0.188	– 0.021	0.117	62	61
	半径匹配：$\delta=0.01$	0.125	0.236	– 0.111	0.143	45	61
	核匹配：k；$norm$；bw；0.01	0.167	0.254	– 0.087	0.124	62	61

7.5.2　处理组和控制组定义的稳健性讨论

上文中确定流动家庭归属处理组还是控制组时，依据的是家庭中户主户口的变化情况。但是户主户口变化只是家庭户口变化的一种情况，可能有家庭中除户主以外的人（如户主子女、户主配偶）户口发生改变而户主的户口保持不变的情况。作为稳健性检验，本小节使用家庭中所有人户口的变化情况来定义处理组和对照组。

家庭中如果有任何成员户口改变，则该家庭归属为处理组，而控制组样本为家庭所有成员的户口均没有变化的家庭。也就是处理组的定义变得宽泛，而控制组的定义变得严格。最终样本量从 1547 个家庭缩小到 1499 个家庭，并且处理组和控制组的分布也有所变动，处理组由 281 个家庭增加到

325 个家庭。采用和上文相似的计算过程，也通过了变量平衡性检验。为了节省篇幅，我们只报告家庭消费率 4 的结果，其他定义的结果与之一致①。

家庭任意成员户口改变对流动家庭消费行为影响如表 7 - 11 所示。因为处理组定义变得宽泛，最终识别出来的获得城市户口的处理组和获得本地城市户口的处理组一致，因而表 7 - 11 中前两组分析结果完全一致，即农民工群体消费率显著降低，降低范围在 11.1% 到 14.8% 之间，降低程度略大于表 7 - 7 和表 7 - 8 中以户主户口定义处理组和控制组的结果。而对于城城流动人口，家庭户口改变对于家庭消费率仍然没有显著影响。

表 7 - 11　　　　　家庭任意成员户口改变对流动人口家庭消费率的影响

	匹配方法	处理组两年变化	对照组两年变化	平均处理效应	标准误	共同支持样本量	
						处理组	对照组
农民工—城市户口	一对一匹配：$k = 1$	0.075	0.223	- 0.148 **	0.074	200	1083
	k 最邻近匹配：$k = 5$	0.076	0.192	- 0.116 **	0.056	200	1083
	半径匹配：$\delta = 0.01$	0.081	0.192	- 0.111 **	0.055	191	1083
	核匹配：k；$norm$；bw；0.01	0.076	0.187	- 0.111 **	0.056	200	1083
农民工—本地城市户口	一对一匹配：$k = 1$	0.075	0.223	- 0.148 **	0.074	200	1083
	k 最邻近匹配：$k = 5$	0.076	0.192	- 0.116 **	0.056	200	1083
	半径匹配：$\delta = 0.01$	0.081	0.192	- 0.111 **	0.055	191	1083
	核匹配：k；$norm$；bw；0.01	0.076	0.187	- 0.111 **	0.056	200	1083
城城流动—本地户口	一对一匹配：$k = 1$	0.112	0.137	- 0.024	0.111	106	74
	k 最邻近匹配：$k = 5$	0.112	0.117	- 0.005	0.092	106	74
	半径匹配：$\delta = 0.01$	0.166	0.158	0.008	0.102	89	74
	核匹配：k；$norm$；bw；0.01	0.112	0.155	- 0.042	0.098	106	74

7.5.3　户主定义的稳健性讨论

本章是通过 CFPS 问卷中"谁是家中的主事者"这一问题来识别户主

---

①　如果对其他定义的估计结果感兴趣，可以向笔者索要。

身份。但是该问题的回答率并不是 100%，所以存在少量家庭无法通过这个问题识别户主身份。对于这部分家庭，上文进行了人工插补，即通过比较家中所有成员来选择最合适的人作为户主。具体选择规则为，先将家庭中 22 ～ 60 周岁男性和 20 ～ 60 周岁的女性作为户主候选人，然后在获选人中选择年龄最大的作为户主，如果有年龄相同情况则选取男性，如果年龄与性别均相同则选取受教育水平最高的。本小节将把这部分进行插补的家庭删除，只选取可以根据问卷问题确定户主的家庭做分析。处理组仍定义为家庭户主户口变动的流动人口家庭；控制组仍为家庭户主户口从未发生变化的流动人口家庭。采用和上文相似的计算过程，也通过了变量平衡性检验。为了节省篇幅，正文只报告了家庭消费率 4 的结果，其他定义的结果与之一致①。结果如表 7 – 12 所示，农民工群体消费率仍然显著降低，城城流动人口中户口改变对消费的影响仍不显著。

表 7 – 12　　　　户主户口改变对流动人口家庭消费率的影响：插补前的样本

匹配方法		处理组两年变化	对照组两年变化	平均处理效应	标准误	共同支持样本量	
						处理组	对照组
农民工—城市户口	一对一匹配：$k = 1$	0.115	0.147	– 0.031	0.073	167	1071
	k 最邻近匹配：$k = 5$	0.115	0.218	– 0.102 *	0.061	167	1071
	半径匹配：$\delta = 0.01$	0.095	0.151	– 0.056	0.059	153	1071
	核匹配：k；$norm$；bw；0.01	0.115	0.187	– 0.072	0.063	167	1071
农民工—本地城市户口	一对一匹配：$k = 1$	0.113	0.246	– 0.133	0.087	158	1071
	k 最邻近匹配：$k = 5$	0.113	0.228	– 0.115 *	0.064	158	1071
	半径匹配：$\delta = 0.01$	0.086	0.221	– 0.135 *	0.075	142	1071
	核匹配：k；$norm$；bw；0.01	0.113	0.228	– 0.115 *	0.067	158	1071
城城流动—本地户口	一对一匹配：$k = 1$	0.142	0.029	0.113	0.114	88	77
	k 最邻近匹配：$k = 5$	0.142	0.130	0.012	0.099	88	77
	半径匹配：$\delta = 0.01$	0.117	0.140	– 0.023	0.103	77	77
	核匹配：k；$norm$；bw；0.01	0.142	0.094	0.049	0.099	88	77

---

① 如果对其他定义的估计结果感兴趣，可以向笔者索要。

7.5.4　估计方法的稳健性讨论

本章还尝试了使用双重稳健模型（DR 模型）来检验结果的稳健性。DR 模型中只要倾向得分估计方程和结果估计方程中有一个方程形式设定正确，估计结果就会是一致的。需要指出的是，为了与前文倾向得分匹配和双重差分结合的方法一致，本小节 DR 模型的因变量也为家庭消费率的差值，实际上为 DR 模型和双重差分相结合的方法。结果如表 7 – 13 所示，DR 估计方法的结果与前文保持一致，户主户口的变化显著降低了农民工群体的家庭消费率，但是对城城流动群体没有显著影响。

表 7 – 13　　户主户口改变对流动人口家庭消费行为的影响：DR 估计方法

	农民工—城市户口	农民工—本地城市户口	城城流动—本地户口
消费率 1	– 0. 206 ** （0. 084）	– 0. 195 ** （0. 089）	– 0. 140 （0. 164）
消费率 2	– 0. 216 ** （0. 090）	– 0. 196 ** （0. 088）	– 0. 149 （0. 157）
消费率 3	– 0. 095 （0. 072）	– 0. 117 * （0. 061）	– 0. 107 （0. 124）
消费率 4	– 0. 088 （0. 071）	– 0. 115 * （0. 061）	– 0. 110 （0. 122）
控制变量	控制	控制	控制
N	1323	1290	189

注：因变量为不同时期消费率差值；户口改变为当年家庭户主户口是否改变；控制变量与之前匹配方法所用一致；括号内为稳健标准差。*** $p < 0.01$，** $p < 0.05$，* $p < 0.1$。

7.6　机制讨论及长期效应

7.6.1　直接影响机制讨论

根据上文估计，农民工群体的户口改变显著降低了家庭消费率，城城流动群体获得本地户口并不影响家庭消费率。本节试图讨论该结论出现的可能原因。主要从消费率的两个直接决定因素（家庭消费和支出和家庭收入）着手进行机制讨论。

1. 家庭消费支出变化

首先考察户口改变对于家庭消费支出绝对值的影响。为了消除通货膨胀的影响，家庭消费性支出按照分省的居民消费价格指数进行了调整，以2010 年为 100。为了节省篇幅，正文只报告了家庭消费支出 4 的结果①。结果如表 7 - 14 所示，对于农民工群体，无论是获得城市户口还是获得本地城市户口，消费支出都有了显著提高。对于城城流动群体，户口改变对于家庭消费支出并没有显著影响。

表 7 - 14　　　　　户主户口改变对流动人口家庭消费量的影响

	匹配方法	处理组两年变化	对照组两年变化	平均处理效应	标准误	共同支持样本量	
						处理组	对照组
农民工—城市户口	一对一匹配：$k=1$	7808	4639	3169 *	1875	171	1157
	k 最邻近匹配：$k=5$	7808	4899	2908 **	1432	171	1157
	半径匹配：$\delta=0.01$	8316	4923	3394 **	1407	171	1157
	核匹配：k；$norm$；bw；0.01	7808	4832	2976 **	1486	171	1157
农民工—本地城市户口	一对一匹配：$k=1$	7339	3575	3763 **	1881	161	1157
	k 最邻近匹配：$k=5$	7339	4238	3100 **	1506	161	1157
	半径匹配：$\delta=0.01$	8338	5155	3182 **	1403	149	1157
	核匹配：k；$norm$；bw；0.01	7339	4692	2647 *	1498	161	1157
城城流动—本地户口	一对一匹配：$k=1$	4490	8336	-3845	2817	103	80
	k 最邻近匹配：$k=5$	4490	7634	-3143	3168	103	80
	半径匹配：$\delta=0.01$	5277	7560	-2283	3069	92	80
	核匹配：k；$norm$；bw；0.01	4490	7500	-3009	3338	103	80

---

① 如果对其他定义的估计结果感兴趣，可以向笔者索要。

2. 家庭收入的变化

家庭消费率由家庭消费和家庭收入共同决定。上文已经分析了户口改变对于流动人口家庭消费率和消费支出总量的影响，本小节主要关注户口获得对于家庭收入的影响，来进一步理解消费率的变动。为了消除通货膨胀的影响，家庭收入按照分省居民消费价格指数进行了调整，以 2010 年为 100。结果如表 7 - 15 所示，户口改变的农民工家庭的收入显著提高。由于农民工群体属于低收入群体，当前的经验户籍歧视主要发生在低收入岗位上，这与已有研究结论一致（万海远和李实，2013），而户口改变的城城流动家庭的收入没有显著变化。

表 7 - 15　　　　　户主户口改变对流动人口家庭收入的影响

	匹配方法	处理组两年变化	对照组两年变化	平均处理效应	标准误	共同支持样本量	
						处理组	对照组
农民工—城市户口	一对一匹配：$k=1$	15427	6590	8836	7572	174	1157
	k 最邻近匹配：$k=5$	15427	5579	9847*	5969	174	1157
	半径匹配：$\delta=0.01$	17587	6530	11056*	5936	161	1157
	核匹配：k；$norm$；bw；0.01	15427	3716	11710**	5575	174	1157
农民工—本地城市户口	一对一匹配：$k=1$	15881	6593	9287	7117	165	1157
	k 最邻近匹配：$k=5$	15881	2005	12875**	6226	165	1157
	半径匹配：$\delta=0.01$	18129	6194	11934*	6440	149	1157
	核匹配：k；$norm$；bw；0.01	15881	4169	11712**	5828	165	1157
城城流动—本地户口	一对一匹配：$k=1$	14937	13348	1588	15600	103	80
	k 最邻近匹配：$k=5$	14937	12832	2104	15421	103	80
	半径匹配：$\delta=0.01$	18976	15203	3773	14780	92	80
	核匹配：k；$norm$；bw；0.01	14937	11421	3515	16594	103	80

结合户口改变对家庭消费率、家庭消费支出和家庭收入的估计结果，我们可以知道，对于农民工群体，户口改变一方面提高了家庭收入，另一方面也通过收入增加的直接渠道和不确定性的削弱、社会保障的提高、本

地消费模仿程度的提高等间接渠道，增加了家庭消费支出。最终表现出的消费率下降，可能是因为一般经济理论中高收入者的消费倾向低于低收入者，因此收入提高所带来的消费率下降；也可能是虽然户籍改变可以抵消收入提高所带来的消费率下降，但是由于农民工群体消费惯性较强，户籍改变的消费增加效应慢于收入提高效应，导致消费率短期可能下降。后续本章将通过长期效应的分析加以验证。

对于城城流动群体，户口改变并没有改变其收入水平和家庭消费支出，因而没有改变其消费率。这可能是因为城城流动人口消费支出提高的渠道相对减少，既没有类似农民工那样因为户口改变而带来收入水平的提高，又因为其本来就是城市人口已经拥有城市水平的社会保障和消费习惯，因此户口改变对其消费行为的影响并不显著。

7.6.2 长期消费效应

上文分析均基于 CFPS 2010 ~ 2012 年的面板数据，可以视为户口改变的短期效应，本小节也尝试使用 CFPS 2010 ~ 2014 年的面板数据，估计户口改变更加长期的消费效应，以期更加全面地理解户口改变对流动人口家庭消费行为的影响。虽然 CFPS 保证了对于所有基年家庭进行追踪调查，但是本章分析中的 2014 年样本量仍有下降。主要是因为本章的分析主体为家庭行为，如果家庭进行了重组和变动（体现为家户号的变化），就无法与基年的情况进行合理对比。因此本章将家庭变动的样本予以删除。此外，为了保证估计得到的结果确实是长期影响，对于 2012 年到 2014 年有户口变动的家庭，也予以删除。最终处理组为从 2010 年到 2012 年户口改变，并且 2012 年和 2014 年间保持户口不变的流动人口；控制组为 2010年、2012 年、2014 年均保持户口不变动的流动人口。为了节省篇幅，正文只报告消费率 4 和对应消费支出的结果。

对农民工群体的分析结果如表 7 – 16 和表 7 – 17 所示。不同于短期中获得本地城市户口显著降低了农民工家庭的消费率，在长期中户口改变对于农民工家庭的消费率并没有显著影响，而户口改变对于家庭消费支出和家庭收入的长期影响与短期影响保持一致。一般来讲，收入提高会降低消费率。但是本章发现，在长期中农民工户口改变后提高了收入但是没有显著降低消费率，也就是说长期中农民工消费习惯的改变、不确定性的削弱、社会保障的提高等渠道带来的消费增长较多，导致消费率下降不明显。因而农民工户口改变在长期中一定程度上提高了家庭消费率水平。这一效果在短期效应中没有表现出来，是因为消费行为具有惯性，因此在短期内消费释放不明显，表现为消费率下降，而长期中消费释放明显，表现为消费率没有下降。

表 7 – 16　　　户主户口改变对流动人口家庭消费行为的
长期影响——农民工获得城市户口

	匹配方法	处理组两年变化	对照组两年变化	平均处理效应	标准误	共同支持样本量	
						处理组	对照组
消费率4	一对一匹配：$k=1$	0.091	0.124	−0.033	0.077	99	716
	k 最邻近匹配：$k=5$	0.091	0.158	−0.067	0.070	99	716
	半径匹配：$\delta=0.01$	0.054	0.151	−0.097	0.073	83	716
	核匹配：k；$norm$；bw；0.01	0.091	0.186	−0.095	0.076	99	716
消费支出4	一对一匹配：$k=1$	13525	9017	4507	2788	99	716
	k 最邻近匹配：$k=5$	13525	8422	5103 **	2267	99	716
	半径匹配：$\delta=0.01$	13542	8577	4965 **	2359	83	716
	核匹配：k；$norm$；bw；0.01	13525	11725	1799	2390	99	716
收入	一对一匹配：$k=1$	15571	6081	9489	7227	96	716
	k 最邻近匹配：$k=5$	15571	5229	10341 *	6313	96	716
	半径匹配：$\delta=0.01$	18535	6672	11863 **	5731	81	716
	核匹配：k；$norm$；bw；0.01	15571	5539	10032	6332	96	716

表 7 – 17　　　户主户口改变对流动人口家庭消费行为的
长期影响——农民工获得本地城市户口

	匹配方法	处理组两年变化	对照组两年变化	平均处理效应	标准误	共同支持样本量	
						处理组	对照组
消费率4	一对一匹配：$k=1$	0.086	0.176	−0.090	0.079	93	716
	k 最邻近匹配：$k=5$	0.086	0.183	−0.097	0.074	93	716

		处理组 两年变化	对照组 两年变化	平均 处理效应	标准误	共同支持样本量	
	匹配方法					处理组	对照组
消费 率4	半径匹配：$\delta = 0.01$	0.038	0.146	−0.109	0.077	76	716
	核匹配：k；$norm$；bw；0.01	0.086	0.152	−0.066	0.081	93	716
消费 支出4	一对一匹配：$k = 1$	13449	7200	6248**	3109	94	716
	k最邻近匹配：$k = 5$	13449	8497	4952**	2498	94	716
	半径匹配：$\delta = 0.01$	14433	8934	5499*	3314	80	716
	核匹配：k；$norm$；bw；0.01	13449	9144	4304*	2462	94	716
收入	一对一匹配：$k = 1$	17904	5400	12504**	6072	93	716
	k最邻近匹配：$k = 5$	17904	10563	7341	5436	93	716
	半径匹配：$\delta = 0.01$	21680	9000	12680**	5169	75	716
	核匹配：k；$norm$；bw；0.01	17904	10098	7806	6177	93	716

城城流动人口的分析结果如表 7 – 18 所示。对于获得本地户口的城城流动人口，无论消费率、消费性支出还是家庭收入，在长期都没有显著变化，与户口获得的短期影响保持一致。

表 7 – 18　　　　户主户口改变对流动人口家庭消费量的
长期影响——城城流动获得本地户口

		处理组 两年变化	对照组 两年变化	平均 处理效应	标准误	共同支持样本量	
	匹配方法					处理组	对照组
消费 率4	一对一匹配：$k = 1$	0.097	0.316	−0.219	0.134	50	36
	k最邻近匹配：$k = 5$	0.097	0.143	−0.046	0.102	50	36
	半径匹配：$\delta = 0.01$	0.109	0.213	−0.104	0.120	17	36
	核匹配：k；$norm$；bw；0.01	0.097	0.259	−0.163	0.118	50	36
消费 支出4	一对一匹配：$k = 1$	17468	26006	−8538	7173	49	36
	k最邻近匹配：$k = 5$	17468	24453	−6984	5907	49	36
	半径匹配：$\delta = 0.01$	17042	27954	−10912	6807	17	36
	核匹配：k；$norm$；bw；0.01	17468	27647	−10179	6380	49	36

续表

	匹配方法	处理组两年变化	对照组两年变化	平均处理效应	标准误	共同支持样本量	
						处理组	对照组
收入	一对一匹配：$k=1$	36188	30027	6161	20953	50	36
	k 最邻近匹配：$k=5$	36188	30147	6041	19835	50	36
	半径匹配：$\delta=0.01$	11634	44496	-32862	20968	17	36
	核匹配：k；$norm$；bw；0.01	36188	34330	1858	25973	50	36

7.6.3　社会保障变化

除了直接的收入和消费，社会保障可能是一个影响消费率的间接因素。流动人口获得城市户口后，可能更容易获得城市的社会保障。我们以家庭中城市医疗保险覆盖率为因变量，选取了农民工获得城市户口的结果汇报户口变动对社会保障影响（农民工获得本地城市户口的结果一致，不再报告），结果如表 7 – 19 所示。可以看到，在短期户口获得对在城市医疗保障获得有正向但不统计显著的影响，而长期则有明显提高。养老保险结果类似，不再列出结果。在城市的社会保障提高也可能是长期消费率提高的一个原因。

表 7 – 19　　　户主户口改变对流动人口家庭城市社会保障影响——农民工群体获得城市户口

	匹配方法	处理组两年变化	对照组两年变化	平均处理效应	标准误	共同支持样本量	
						处理组	对照组
短期	一对一匹配：$k=1$	0.031	0.013	0.018	0.038	172	1157
	k 最邻近匹配：$k=5$	0.031	0.031	0.001	0.033	172	1157
	半径匹配：$\delta=0.01$	0.046	0.028	0.018	0.032	161	1157
	核匹配：k；$norm$；bw；0.01	0.031	0.031	0.000	0.033	172	1157
长期	一对一匹配：$k=1$	0.176	0.046	0.130 ***	0.051	105	790
	k 最邻近匹配：$k=5$	0.176	0.063	0.113 ***	0.043	105	790
	半径匹配：$\delta=0.01$	0.172	0.052	0.120 ***	0.043	84	790
	核匹配：k；$norm$；bw；0.01	0.176	0.051	0.125 ***	0.043	105	790

7.7 简要总结及政策含义

本章通过比较短期（2010～2012年）和长期（2010～2014年）获得户口改变的流动人口家庭和户口不变的流动人口家庭，分析了户口改变对流动人口家庭消费行为的影响。为了克服个体自选择问题和遗漏变量偏误问题，本章采用倾向得分匹配与双重差分相结合的方法来构造反事实，在拟实验的环境下估计户口改变的影响。本章也进行了若干稳健性检验和机制检验。

估计发现，户口对于农民工和城城流动人口的影响并不相同。对于农民工群体，户口改变短期内显著降低了家庭消费率，主要是由于户口改变后农民工家庭的收入有了显著增长，虽然家庭消费性支出也有显著增长但是由于惯性并没有与家庭收入同步增长，从而总体消费率呈现下降。但是长期（2010～2014年）中，户口改变虽然提高家庭消费支出和家庭收入，但不再显著降低家庭消费率。这说明户口改变在长期中一定程度上提高了消费率水平，抵消了收入提高所带来的消费率降低，最终才能维持消费率不变的状态。对于城城流动人口，无论长期还是短期，获得本地户口基本不改变家庭消费行为，无论消费率、消费性支出和家庭收入都没有显著变动。城市户口获得有利于低收入群体受到歧视减少，提高了收入及社会保障，有利于消费量提高。

本章的结论对于重新认识户口变动对微观和宏观的消费影响提供了新依据，对于户口改革政策制定和认识户口制度对消费影响具有新的意义。

第一，本章的宏观意义是检验户籍人口城市化率的提高是否会提高整体消费率。本章发现，由于消费惯性，短期内农民工户口变化导致收入增加同时，消费并没有同比例增加，这导致短期消费率降低；在中长期中，消费率回到初始状态。这意味着通过户籍改革促进消费只能在长期才能发挥作用。这是对已有研究的一个补充，对于认识户口对消费影响提供了新的经验证据。

第二，对于农民工群体，户口放开在短期内能够显著提高家庭的收入水平和消费水平，在更加长期中更能够改变消费习惯、提高消费率。这意味着户口放开既提高了效率（提高了收入）以及生活水平（提高了消费），又有利于解决宏观上中国经济长期消费不足的问题，对于发展和繁荣经济有很大作用。农民工群体是我国流动人口主力，因此针对这部分进行户籍改革的经济效应无疑很大。

第三，户口放开的消费效应只对农民工群体显著。目前各地户口政策改革主要由中央统一推进、地方政府分散实行，但很多大城市仍表现出只针对高端人才的户口大力开放，对农民工群体仍然有诸多限制。正确认识到户口开放能够带来经济增长和繁荣，可以减小地方政府对户口开放成本提高的担忧，有更大动力投入更多让低收入流动人口享有与城镇户口居民同等的社会保障和公共服务。

附录：CFPS 消费数据和收入数据的处理

1. 消费数据

CFPS 提供了四类家庭支出，分别是居民消费性支出、转移性支出（包括家庭对非同住亲友的经济支持、社会捐助以及重大事件中人情礼）、保障性支出（包括家庭购买各类商业保险）、建房购房贷款支出。本章主要选取了其中的消费性支出进行分析。但是三年（2010 年、2012 年、2014 年）问卷中每项具体消费性支出包含的内容并不一致，其中 2012 年和 2014 年差异最小，2010 年与后续两期差异最大，详见附表 7 - 1。为了保持每年的可比性，本章以 2010 年的消费统计口径为基础，保留了问卷中共有的消费项目，具体处理方式详见附表 7 - 2。

2. 收入数据

家庭纯收入包括家庭工资性收入、经营性纯收入、转移性收入、财产性收入和其他收入。其中工资性收入是指家庭成员从事农业或其他受雇工作挣取的税后工资、奖金和实物形式的福利。经营性收入是指家庭从事农林牧副渔业生产经营扣除成本后的净收入（包括自产自销部分），以及从事个体经营和开办私营企业获得的净利润。转移性收入是指家庭通过政府

附表 7 - 1　CFPS 分项消费具体定义

	2010 年	2012 年	2014 年
食品	food = food_1 + food_2 = fh301 × 12 + fk3 − max(fk5, fk3 − fk4)； 301 上个月，家庭食品支出额（包括一般食物，也包括食物添加剂、调味品、色素、保鲜剂，还包括油脂和饮料等）； food_2 为农产品调整	(fp301 + fp302 + fp303 + fp304) × 12； 301 过去一周，您家外出就餐（包括请客吃饭）花了多少钱； 302 过去一周，您家购买自家消费的香烟酒水花了多少钱； 303 过去一周，除了外出就餐，购买自家消费的食物之外，您家购买的自家消费的食物一共花了多少钱； 304 过去一周，您家消费的自家生产的农产品如果拿到市场销售值多少钱	fp3 × 12； 3 每月伙食费（包括在家吃饭和外出就餐）平均每月您家的伙食费及购买自家消费的零食、饮料、烟酒等一共多少钱
家庭设备及日用品	fh302 × 12 + fh307 × 12 + fh401 + fh407； 302 上个月，家庭购买日常用品； 307 上个月，车辆按揭； 401 过去一年，家庭家电支出； 407 过去一年，家庭杂项商品、服务支出（指非消耗品的商品或服务支出，沙发、椅子、管道修理等支出）	(fp404 + fp406) × 12 + fp507； 404 过去一个月，您家雇佣保姆、小时工一共花了多少钱； 406 过去一个月，您家购买日用品一共花了多少钱； 504 过去一年，您家购买汽车花了多少钱； 505 过去一年，除了购买汽车外，您家购买维修其他交通工具和通信工具及配件的费用； 506 过去一年，您家购买的可办公类电器（笔记本电脑、台式电脑、平板电脑、打印机）花了多少钱； 507 过去一年，您家家具和其他耐用品消费（电视、洗衣机、电冰箱、沙发、椅子、电视和钢琴等）花了多少钱	fp406 × 12 + fp507 + fp508 + fp509； 406 每月日用品费； 507 过去 12 个月，包括还车贷、维修汽车花了多少钱； 508 过去 12 个月，除了购买汽车外，您家购买其他交通工具及配件的费用； 509 过去 12 个月，您家具、电器其他耐用品（电脑、平板电脑、打印机、电冰箱、洗衣机、电视和钢琴等）

续表

	2010 年	2012 年	2014 年
交通通信	（fh303 + fh304）×12； 303 上个月，家庭出行支出（包括养车，如养车，加油/加气/加电、公共汽车交通的费用）； 304 上个月，家庭通信支出	fp401×12 + fp405×12； 401 过去一个月，您家邮电、通信支出（电话、手机、上网、邮寄）； 405 过去一个月，您家本地的交通费（包括汽车油费）	fp401×12 + fp405×12； 401 每月邮电通信（电话、手机、上网、邮寄）； 405 每月本地交通费（公交车费、油费）
居住	fh309×12 + fh406； 309 上个月，家庭房租支出； 406 过去一年，家庭居住支出（包括物业、取暖等，住房维修装修，建造维修生活用房雇工工资、生活用水、生活用电、用于生活的燃料等支出，不含住房按揭及房租）	fp402×12 + fp403×12 + fp503 + fp513 + fq102m ×12； 402 过去一个月，您家电费、水费是多少钱； 403 过去一个月，您家燃料费是多少钱； 503 过去一年，您家的取暖费（指集中供暖）是多少钱； 513 过去一年，您家物业费（包括车位费）是多少； 102 您家平均每月需要付多少钱房租	（fp402 + fp403 + fp404）×12 + fp504 + fp505 + fp506 + fp407 ×12； 402 每月水费； 403 每月电费； 404 每月燃料费； 504 过去 12 个月取暖费（指集中供暖）； 505 过去 12 个月物业费（包括车位费）； 506 去过 12 个月，您家用于自住房维修、装修的支出； 407 每月房租支出
医疗保健	fh402； 402 过去一年，家庭医疗保健支出	fp509 + fp510； 509 过去一年，您家直接支付的医疗支出（不包括已经报销和预计可以报销）； 510 过去一年，您家保健费用支出（健身锻炼、购买器械和保健品）	fp511 + fp512； 511 过去 12 个月，您家直接支付的医疗支出（不包括已经报销和预计可以报销）； 512 过去 12 个月，您家保健费用支出（健身锻炼、购买器械和保健品）

续表

	2010年	2012年	2014年
衣着	fh403； 403 过去一年，家庭衣着支出	fp501； 501 过去一年，您的衣着消费支出是多少钱	fp501； 501 过去12个月衣着消费是多少钱
文教娱乐	fh404 + fh405； 404 过去一年，家庭教育支出； 405 过去一年，家庭文化、娱乐、休闲支出	fp407×12 + fp502 + fp508； 407 过去一个月，您家文化娱乐支出（包括购买书报杂志、影剧票，去歌舞厅网吧）花了多少钱； 502 过去一年，您家的旅游支出是多少钱； 508 过去一年，您家教育支出（学杂费、培训费）是多少	fp502 + fp503 + fp510； 502 过去12个月您家文化娱乐支出（包括购买书报杂志、影剧票，去歌舞厅网吧）； 503 过去12个月旅游支出； 510 过去12个月，您家教育支出（学杂费、培训费）是多少
其他	fh411； 411 过去一年，家庭其他支出	fp408×12 + fp511 + fp517； 408 过去一个月，您家购买彩票一共花了多少钱； 511 过去一年，您家美容支出（化妆品、美容护理）； 517 过去一年，您家其他支出（不包括给亲戚朋友的经济支持或赠与）是多少	fp513 + fp518； 513 过去12个月，您家美容支出（化妆品、美容护理）； 518 过去12个月，您家其他支出（如雇用保姆或者小时工、买彩票、罚款等上述没有提到，不包括给亲戚朋友的经济支持或赠与）是多少

附表 7 - 2　　　　本章重新统一的分项消费具体定义

	2010 年	2012 年	2014 年
食品	food = food_1 + food_2 = fh301 × 12 + fk3 - max(fk5, fk3 - fk4)； 301 上个月，家庭食品支出额（包括一般食物，也包括食物添加剂、调味品、色素、保鲜剂，还包括油脂和饮料等）； food_2 农产品调整	(fp301+fp302+fp303+fp304)×12； 301 过去一周，您家外出就餐（包括请客吃饭）花了多少钱； 302 过去一周，购买自家消费的香烟酒水花了多少钱； 303 过去一周，除了外出就餐，购买自家消费的食物一共花了多少钱； 304 过去一周，您家消费的自家生产的农产品如果拿到市场销售价值多少钱	(fp3 - fp3计) ×12； 3 每月伙食费（包括在家吃饭和外出就餐）平均每月您家的伙食费及购买自家消费的零食、饮料、烟酒等一共多少钱； 301 以中减去每月外出就餐费
家庭设备及日用品	fh302 × 12 + fh307×12 + fh401 + fh407； 302 上个月，家庭购买日用品（元）； 307 上个月，车辆按揭（元）； 401 过去一年，家庭家电支出（元）； 407 过去一年，家庭杂项商品、服务支出（指非消耗品的商品或服务支出，沙发、荷子、管道修理等支出）+	(fp404+fp406) × 12 + fp504 + fp505 + fp506 + fp507； 404 过去一个月，您家庭用保姆、小时工一共花了多少钱； 406 过去一个月，您家购买日用品一共花了多少钱； 504 过去一年，您家购买汽车花了多少钱； 505 过去一年，除了购买汽车外，您家购买维修其他交通工具和通信工具及配件的费用； 506 过去一年，您家购买的可办公类电器（笔记本电脑、台式电脑、平板电脑、打印机）花了多少钱； 507 过去一年，您家家具和其他耐用品消费（电冰箱、洗衣机，电视和钢琴等）花了多少钱	fp406 ×12 + fp507 + fp508 + fp509； 406 每月日用品费； 507 过去12个月，包括还车贷，您家购买，您家购买维修汽车花了多少钱； 508 过去12个月，除了购买汽车外，您家购买维修其他交通工具和通信工具及配件的费用； 509 过去12个月，您家家具、电器其他耐用品（电脑、平板电脑、打印机）电视和钢琴等）

续表

	2010 年	2012 年	2014 年
交通通信	（fh303 + fh304）×12； 303 上个月，家庭出行支出（含养车费用）（包括如养车、加油/加气/加电，公共汽车交通的费用）； 304 上个月，家庭通信支出（元） * 多了养车费用难以删除	fp401×12 + fp405×12； 401 过去一个月，您家邮电、通信支出（电话、手机、上网、邮寄）； 405 过去一个月，您家本地的交通费（包括汽车油费）	fp401×12 + fp405×12； 401 每月邮电通信（电话、手机、上网、邮寄）； 405 每月本地交通费（公交车费、油费）；
居住	fh309×12 + fh406 309 上个月，家庭房租支出（元） 406 过去一年，家庭居住支出（包括物业、住房维修装修、取暖、生活用房雇工工资、生活用水、生活用电，用于生活的燃料料等支出，不含住房按揭及月房租） * 虽然提到了住房维修、装修费用，但是可以看均值与 2014 年对比，发现很多人应该包括这一项	fp402×12 + fp403 + fp503 + fp513 + fq102m×12； 402 过去一个月，您电费、水费是多少钱； 403 过去一个月，您家燃料费是多少钱； 503 过去一年，您家的取暖费（指集中供暖）是多少钱； 513 过去一年，您家物业费（包括车位费）是多少； 102 您家平均每月需要付多少钱房租 * 缺少房屋维修和装修费用	（fp402 + fp403 + fp404）×12 + fp504 + fp505 + fp506 + fp407×12； 402 每月水费； 403 每月电费； 404 每月燃料费； 504 过去 12 个月取暖费（指集中供暖）； 505 过去 12 个月物业费（包括车位费）； 506 去过 12 个月，您家用于自住房维修、装修的支出； 407 每月房租支出
医疗保健	fh402； 402 过去一年，家庭医疗保健支出（本户成员看病或住院所支付的挂号费、手术费、注射、透视费和住院的床位费及保健服务费如按摩费、学习气功、太极拳等学费等）	fp509 + fp510； 509 过去一年，您家直接支付的医疗支出（不包括已经报销和预计可以报销）； 510 过去一年，您家保健费用支出（健身锻炼、购买器械和保健品）	fp511 + fp512； 511 过去 12 个月，您家直接支付的医疗支出（不包括已经报销和预计可以报销）； 512 过去 12 个月，您家保健费用支出（健身锻炼、购买器械和保健品）

续表

	2010 年	2012 年	2014 年
衣着	fh403；403 过去一年，家着衣着支出	fp501；501 过去一年，您的衣着消费支出是多少钱	fp501；501 过去 12 个月衣着消费
文化娱乐	fh405；405 过去一年，家庭文化、娱乐、休闲支出	fp407×12＋fp502；407 过去一年，您家文化娱乐支出（包括购买书报杂志、影剧票，去歌舞厅网吧）花了多少钱 502 过去一年，您家的旅游支出	fp502＋fp503；502 过去 12 个月您家文化娱乐支出（包括购买书报杂志、影剧票，去歌舞厅网吧）；503 过去 12 个月旅游支出
教育	fh404；404 过去一年，家庭教育支出	fp508；508 过去一年，您家教育支出（学杂费、培训费）	fp510；510 过去 12 个月，您家教育支出（学杂费、培训费）是多少
其他	fh411；411 过去一年，家庭其他支出（主要包括寄给和带给在外人口、利息支出、受让无形资产支出、罚款、土地有偿使用支出及其他支出，不包括储蓄性、借贷性支出的现金）	fp408×12＋fp511＋fp517；408 过去一个月，您家购买彩票一共花了多少钱 511 过去一年，您家美容支出（化妆品、美容护理）；517 过去一年，您家其他支出（不包括给亲戚朋友的经济支持或赠与）	fp513＋fp518；513 过去 12 个月，您家美容支出（化妆品、美容护理）；518 过去 12 个月，您家其他支出（如雇用保姆或者小时工、买彩票、罚款等上述没有提到，不包括给亲戚朋友的经济支持或赠与＊多了雇用保姆或小时工的支出无法删除

注：以 2010 年的消费定义为标准。只有家庭设备及日用品中三年对于购车的消费定义无法统一，因此三年都删除了这一支出。标删除线的为统一定义而进行的删除项目，例如 2012 年和 2014 年食品支出中均删除了外出就餐支出，因为 2010 年食品支出统计中没有外出就餐。斜体字为文中稳健性检验时不同消费率定义而进行的删除项目，如家庭消费率 2 就是删除了房租支出。黑体字说明了该项目中无法调整的部分，如 2010 年交通通信支出中养车支出没有单独询问，无法合理删除，因此保留未改动。

的转移支付（如养老金、补助、救济）和社会捐助获取的收入。财产性收入是指家庭通过投资、出租土地、房屋、生产资料等获得的收入。其他收入是指通过亲友的经济支持和赠予获取的收入。由于 CFPS 2012 和 CFPS 2014 在采集家庭收入方面的设计与 CFPS 2010 有所不同，本章使用了数据库提供的 2010 年比较的估计值。

家庭纯收入中大量的异常低值导致计算的家庭消费率出现大量大于 1 的异常值。考虑到收入数据往往难以准确采集，这些收入异常低的家庭很可能低报或者隐瞒了部分收入。因此这部分消费类异常的家庭无法进入分析样本。本章依据居民最低生活保障标准筛选出这部分家庭并予以删除。根据规定，凡是中国公民，只要其家庭人均收入低于当地城乡居民最低生活保障标准，均有从当地人民政府获得基本生活物质帮助的权利。因此，认为家庭纯收入低于该年低保标准的家庭很可能低报或者隐瞒了部分收入。根据民政部发布的《社会服务发展统计公报》，2010 年城市低保月人均补助水平为 189 元，农村低保月人均补助水平为 74 元；2012 年城市低保月人均补助水平为 239.1 元，农村低保月人均补助水平为 104 元；2014 年城市低保月人均补助水平为 286 元，农村低保月人均补助水平为 129 元。本章将家庭人均纯收入低于该年低保标准的家庭予以删除，从 2010 年 13851 户样本中删除了 1082 户，从 2012 年 12835 户样本中删除了 1768 户，从 2014 年 11449 户样本中删除了 1628 户。

3. 消费率

本章删除了"其他支出"和"家庭日常/家电/服务支出"中购买家用电器和交通工具的消费支出，并对剩余的消费项目进行了极端值处理①，然后加总得到家庭消费支出 1。参考陈等（Chen et al.，2015）对 CHIP（China Household Income Project）消费数据的处理，本章也尝试去掉了"居住支出"的房租支出，得到家庭消费支出 2。参考马光荣、周广素（2014）对 CFPS 消费数据的处理，本章也尝试将教育支出和医疗支出删

---

① 采用 1% Winsorize 极端值处理方法：如果一个样本某变量的值大于该变量的 99 分位数，则该样本的值被强制指定为 99 分位数的值；类似地，如果一个样本某变量的值小于该变量的 1 分位数，则该样本该变量的值被强制指定为 1 分位数。

除得到家庭消费支出 3。最后，同时将房租支出和教育医疗支出消费删除，得到家庭消费支出 4。将得到的以上四种家庭消费支出除以处理过异常值的家庭纯收入，最终得到四种家庭消费率。但是得到的消费率仍有异常值，某些消费率的极大值为两位数，因此对于计算得到的消费率采用 5% Winsorize 极端值处理方法。

第8章
流动人口生育问题分析

8.1 引　　言

　　各国发展历史展现了相似的人口生育与经济发展间关系演变的规律，人均收入随着工业化进程的推进而提高，而生育率伴随下降。自改革开放后，我国总和生育率整体上呈现下降趋势，根据 2010 年人口普查计算报告的总和生育率低至 1.18。国际社会通常将总和生育率低于 1.5 称为很低生育率，低于 1.3 称为超低生育率（Kohler et al，2002；Kohler and Kohler，2002）。这意味着我国的人口发展面临严峻问题。

　　对于中国的生育率降低的原因已有较多研究。影响我国人口总和生育率的变动的既有经济因素也有政策因素，正确识别各种影响因素对于制定相应人口政策非常重要。在计划生育政策不断放宽的背景下，已有研究更多强调经济因素的影响而非计划生育政策影响。包括女性初婚年龄上升、女性劳动参与率提高、收入上涨带来的机会成本上升、婴幼儿死亡率下降、避孕器具的推广、直接养育成本、养育孩子的机会成本、高质量孩子的成本收益变动、社会保障的普及都是出生率变动的重要影响因素。

　　从人口流动视角解释我国生育率下降也有一些研究。国内"人口大迁徙"已经持续了 30 多年，并且流动人口数量不断增加，与不断下降的人口生育率呈现明显的负相关关系。由于户籍制度、土地情节和城乡分割的社会福利体系，我国流动人口长期处于周期性迁移状态，并且在工资、社会福利方面存在歧视性待遇，未来不确定性也更强。这些因素可能会导致流动人群在生育决策上与非流动人群有所差异。可以预期的是流动人口在这样的背景下可能会推迟和减少生育。对这个预期的检验已有一些学术研究，但正如下文综述，已有研究在识别因果关系上仍然可以改进，并且流动人口生育特点随时间如何变化也有待进一步检验。这正是本章使用间隔五年的两次横截面数据要分析的内容。

本章其他部分构成如下：8.2 节将对已有研究进行了总结和归纳评述，并指出已有文献的不足之处和本章的创新意义；8.3 节介绍本章使用的数据及变量的描述统计；8.4 节采用普通最小二乘法和工具变量法对比城镇人口、流动人口和农村非流动人口三类群体的相对生育率大小；8.5 节将概括前面的研究结论，并提出相关宏观思考。

8.2　文献简要述评

8.2.1　文献综述

个体生育意愿受个体特征和经济社会条件等因素共同影响，这些因素包括结婚年龄、女性受教育程度、收入、健康程度、已有子女数量等（Kohler et al.，2002）。另外，当个体面临非自愿失业、收入降低、经济形势不稳定等不确定性时会倾向于延迟生育甚至减少生育数量（Becker，1991；Perelli - Harris，2008；Philipov，2002）。

人口流动对生育意愿及生育行为影响已经受到学界关注，目前主要的研究视角有：选择视角、同化视角、干扰视角和分离视角（陈卫和吴丽丽，2006）。已有研究从这些视角比较了流动人口与流出地和流入地人口的生育水平，并给出了相应差异的原因解释。

选择视角是指流动人群具有某些特殊个人特征，比如年龄相对小、受教育程度相对高、对未来信心和期望更强，故而这类人群在流动过程中将职业发展置于首要目标，因而会有意识地控制自己的婚姻和生育节奏及家庭规模，保持较低的生育率（Bacal，1988）。干扰视角认为流动会对婚姻生育产生一定干扰，流动人群的生理心理都会受到一些冲击，使他们不愿意或没有客观条件在此阶段生孩子，从而降低流动迁移者的生育水平（Goldstein，1978）。同化视角认为经过一段时间的同化，流动人口会逐步与迁入地的观念、文化、习惯趋于一致，使得生育率也将接近城市人口生育率，当然这个社会化过程的时间相对较长，需要经过几十年甚至几代人（Goldstein，1978；Stephen and Bean，1992）。分离理论将流动人口视为一种处于游离状态中的人，他们既远离迁出地，短期内也无法融入迁入地，处于一种"中间"过渡状态，其生育率也位于迁出地和迁入地之间，但随着时间推移也会不断变化（Poston，1985；You and Poston，2004）。

中国的低生育率已被众多研究证实（Cai，2008；Zhao and Zhang，2010）。对于中国生育率下降的解释也是多方面的，包括社会经济发展、计划生育政策、教育水平提高、制度环境等（Cai，2010；Ebenstein，2010；Guo et al，2012；Piotrowski and Tong，2016；郭志刚，2008）。但是，在我国从人口流动视角解释过去生育率降低仍有不足。

农民工是我国流动人口主体，是城乡二元体制、户籍管理制度等特殊社会历史的产物，他们拥有农村户口和农村承包经营土地、但主要收入来源为季节性流动到城镇从事非农工作的群体（朱力，2002，2010；陆学艺，2004）。不同于西方发达国家的农村劳动力转移方式，由于户籍制度，中国的农民工很多是季节性迁徙，流动过程是在农村和城市间往返，流向城市的地点也不固定，收入受到歧视，工作也具有不稳定性（王美艳，2005；邓曲恒，2007；邢春冰，2008；陈珣和徐舒，2014）。农民工在适应城市生活及与城市人口的交往需要很多挑战（李培林，1996；李强，2004；翟学伟，2003），迁移进行到一定阶段后会产生回流现象（蔡昉，2007；Hare，1999，2002；Murphy，1999；赵耀辉，2002）。这些特征导致流动人口就业、消费等经济行为与其他类型人口不同（孙文凯等，2018）。

20 世纪末期开始，国内学者也对流动迁移与生育率的关系进行了许多研究。杨子慧（1991）的研究表明，不同年龄组的迁移妇女的平均生育子女数都明显低于农村非迁移妇女的平均生育子女数。王平权（1996）认为从总体上看农村迁移妇女的生育水平介于城镇和农村之间。尤丹珍、郑真真（2002）通过对安徽、四川的实证研究，发现外出经历对农村妇女的结婚年龄、初婚初育间隔都要大于未外出妇女。陈卫（2005）的研究表明流动人口比其来源地及流入地的定居者生育率都低，而外来人口对当地生育率的分母效应的存在与否及大小与外来人口生育率与当地人口生育率的相对大小相关；杨菊华（2015）分析了单独二孩政策下已生育一孩的流动人口生育意愿，并考察了流动夫妇的已有子女性别及父母的独生属性对生育意愿的影响，结论是流动人口的较低生育意愿已成为"新常态"。

李丁和郭志刚（2014）发现流动女性随着年龄段年轻而生育减少。梁同贵（2016）采用卫计委数据，发现在特大城市流动人口生育间隔延长，论证了中断理论。刘厚莲（2017）发现配偶随迁降低了流动人口生育意愿。主要是由于，生育观念发生显著变化，生育成本也大幅提高，最终降低了流动人口的生育意愿。梁同贵（2017）对比流动人口和农村本地人口，发现流动降低生育。杨菊华（2018）发现流动人口生育二孩意愿较弱。王晓宇等（2018）发现二孩生育意愿减弱。赵昕东和李翔（2018）认为流动和受教育一样会延迟女性初婚时间。谭晓青（1990）发现 20 世纪 80 年代农村迁移妇女的生育率已经低于未迁移妇女。周皓（2015）用选择性模型估计发现流动有助于降低生育。梁同贵（2018）发现乡城流动人口相比农村本地人口生育率在一孩、二孩和三孩上都有所下降。侯慧丽（2017）发现流入城市规模越大则生育下降越多。庄渝霞（2008）发现新生代流动人口生育意愿比早期流动人口有很多不同，相同之处只有教育会影响流动人口生育。郭志刚（2010）发现农村流动人口的流动行为显著降低生育水平。

在研究中有些学者研究生育意愿有些则研究生育结果，这两者并不一致。张航空（2012），流动人口中既存在生育意愿与生育行为背离的一面又有一致的一面，表现为在时间、间隔和性别上二者更多的表现为背离，在数量上更多的表现为一致。相比而言，生育结果更符合实际。因此，本章采用工具变量方法进一步论证人口流动和生育关系，并以生育结果为关键被解释变量。

8.2.2　已有研究的不足

首先，在对于中国生育率下降的研究方面，多数学者是从计划生育政策及经济发展，教育水平提高等方面来解释，却多数忽视了流动这一因素，尤其是农民工的这种中国式特殊劳动力迁移方式带来的城乡户籍劳动力在就业、收入、消费等诸多方面的差异，将会影响流动人口的生育决策，而流动人口的数量如此庞大，致使我们在研究中国生育率下降问题时绝不能忽视对他们的研究，或是一概而论的研究。

其次，在已有关于流动与生育率的关系研究中，已有的理论多是基于西方国家的情况提出的，对中国而言有一定适用性，但我们不能完全照搬其影响模式来解释中国流动人口的生育问题。西方的已有解释假说表明人口的流动迁移对降低生育率有积极影响，它们都不支持流动迁移人口是高生育率群体，或者在中国被认为的是"超生游击队"。其共同的结论是到城市的流动迁移人口，其生育率要低于来源地农村的生育率，但要高于目的地城市的生育率。戈尔德斯坦和戈尔德斯坦（Goldstein and Goldstein，1997）、李和法伯（Lee and Farber，1984，1985）的研究结论也表明从农村流向城市的人群的生育率低于其家乡未流动人口，而高于流入的城市地区；杨和波士顿（You and Poston，2004）利用中国1990年人口普查数据的分析，支持了这一结论。但普查数据中关于个体特征的变量太少，并且仅用1990年的数据分析有失代表性。

最后，在研究方法上，多数是人口学学者对流动因素带来的生育率变化进行了简单的统计分析或者Logistic回归，控制的个体特征方面的变量也较少，这可能存在一些潜在内生问题，例如选择理论中提出的选择流动的个体往往是那些具有冒险精神的人，他们的生育观念也有所差异，但这是个体性格导致而非流动本身带来的生育意愿变化。

8.2.3　本章创新意义及现实意义

本章将在已有研究基础上，将迁移流动对生育率的影响理论放在中国特殊背景下讨论，控制个体特征因素，研究流动过程带来的干扰、同化、分离因素对生育率的影响，使用中国家庭收入调查的微观数据，对比研究城市非流动人口、季节性迁移的农民工、农村非流动人口三类人群的生育意愿差异。几乎所有国家的经验都证明，城市人口的生育率低于农村人口，因为城市人口的受教育程度更高，生活相对更加丰富多彩，因而倾向于压缩年轻人的家庭生活时间，减少家庭生活眷恋度，从而导致城市人口晚婚晚育甚至少育不育，但是介于"城里人"和"农村人"之间，并常年往返与城乡之间工作和生活的流动人口，他们的生育率是介于城乡平均生育率之间，还是有其独特特点呢？这需要我们进行详细的实证分析才可得知。

本章还将对比新生代农民工和老一代农民工在生育意愿上的差异，这也是已有研究中忽略的部分。另外，本章的研究将完善对我国总和生育率下降的解释，以及全面二孩政策实施效果的预测，为真正解决人口老龄化、性别比失衡等社会问题提供参考意见。

8.3　数据与变量描述分析

8.3.1　数据说明及变量选取

本章采用中国社会科学院经济研究所收入分配课题组（Chinese Household Income Project Survey，CHIPS）2008 年的住户调查数据。2008 年的调查同时也是大型 RUMiC（中国的农村—城镇移民）调查项目的组成部分，该项目从 2008 年开始，2009 年初进行了第二轮调查，询问了 2008 年全年收入和消费信息。在 RUMiC 项目的数据编号是根据调查时间而定，故而本章数据也被命名为 RUMiC 2009。

CHIPS 2008 调查包含三个子样本：农村住户样本、农村—城镇流动人口样本、城镇住户样本。2008 年城镇和农村调查由国家统计局执行，而城乡流动人口的调查由北京师范大学、澳大利亚国立大学（Australian National University）的学者发起的课题组组织完成。流动人口样本涉及出现在城镇和农村调查中的 9 个省份 15 个城市，这些城市也是中国大部分流动人口的集中地，包括大都市地区的上海，东南部地区的广州、深圳和东莞，东部地区的南京、无锡、杭州、宁波，中部地区的武汉、合肥、蚌埠、郑州及洛阳，西南部地区的重庆和成都。

本章研究的是农村劳动力从农村到城市的季节性流动对其生育率的影响，因变量是被访者已有子女数量，自变量为个体的流动迁移情况，分为城镇居民、农村未流动人口和乡村—城市的季节性流动人口，也即"农民工"群体，为保证研究的科学严谨性，控制了其他与生育率相关的诸多个体特征变量，包括性别、年龄、年龄平方、兄弟姐妹个数、婚姻状况、民族、受教育年限、个体年总收入、政治面貌、健康程度等。

8.3.2 描述统计

本章将样本控制在 15 ~ 50 岁的人群中，城镇居民数据来自 CHIPS 2008 年数据中的城镇调查部分，流动人口数据来自 RUMiC 2009 数据的流动调查，由于调查全部抽取农村户口居民，故而是我们通常定义的拥有农村户口但在城市从事非农职业的"农民工"群体，农村未流动人口则是 CHIPS 2008 年数据中剔除了曾经外出流动过的剩余群体，定义为农村未流动人口，也避免与流动人群有重复的样本存在；另外，将 60 后、70 后农民工与 80 后、90 后农民工区分开，分别定义为"第一代农民工"和"新生代农民工"，"新生代农民工"的提法首次出现在国务院发布的 2010 年中央一号文件《关于加大统筹城乡发展力度 进一步夯实农业农村发展基础的若干意见》中，他们的受教育程度，职业期望，人生规划等都与老一辈农民工存在显著差异，故而本章将对两代农民工进行对比分析。具体变量的统计特征如表 8 - 1 所示。

表 8 - 1　主要变量描述性统计

变量	变量含义	观测值	平均值	标准差
kid	孩子数量	11364	1.554	0.927
urban	城镇居民身份哑变量[a]	11364	0.333	0.471
rural	农村未流动居民身份哑变量[b]	11364	0.481	0.500
male	1 表示男性，0 表示女性	11364	0.483	0.499
age	年龄	11364	32.868	10.658
agesq	年龄平方	11364	1193.885	695.812
siblings	兄弟姐妹数量	11364	2.417	1.753
eduyear	受教育年限	11364	10.089	3.472

续表

变量	变量含义	观测值	平均值	标准差
eduyearsq	受教育年限平方	11364	113.839	76.568
han	民族^c	11364	0.882	0.322
health	健康状况^d	11364	1.976	0.773
lincome	年收入取对数	11364	9.805	0.665
young	两代农民工哑变量^e	11364	0.543	0.498
ymale	*young* 与 *male* 的交互项	11364	0.278	0.448
land	家庭耕地面积（亩）	11364	4.530	4.971

注：a. *urban* = 1 表示城镇居民，农村未流动和流动人口两类群体取值为 0；b. *rural* = 1 表示农村未流动群体，则 *urban* = 0 且 *rural* = 0 表示农民工流动群体；c. 若被访者为汉族则 *han* = 1，否则为 *han* = 0；d. 健康程度以问卷中"您认为你的身体状况如何"的回答为准，从"非常不好到非常好"供 5 个水平，赋值从 1 到 5；e. *young* = 1 表示年龄在 15 岁至 28 岁之间的"新生代农民工"，*young* = 0 表示年龄在 28 岁到 50 岁的"第一代农民工"。

表 8 - 2 反映了城镇人口、农村未流动人口及农村流动人口三类群体的对比情况。简单地从三类人口的平均子女数来看，农村未流动人口平均生育 1.73 个孩子，城市居民则是 1.388 个，而拥有农村户口，流动到城市从事非农职业的人口的平均生育子女数最少，为 1.34 个孩子，但平均数上乡城流动人口的生育率最低并不能反映出这种差异是否显著，后文的计量实证部分将做详细分析；被访者的性别构成上基本是男女平衡；年龄分布上，农村未流动人口的平均年龄最高，约比流动人口平均年龄高出 14 岁，这符合流动理论中的自选择理论，流动人口往往是农村人口中年轻化的群体，他们的受教育水平和收入也高于未流动人口。

表 8 - 2　　　　　　　　　　三类群体的统计特征对比

变量	城镇居民		农村未流动人口		乡城流动人口	
	观测值	平均值	观测值	平均值	观测值	平均值
kid	3394	1.388	4902	1.730	3068	1.340
male	3394	0.498	4902	0.443	3068	0.564
age	3394	34.696	4902	42.768	3068	28.853
agesq	3394	1299.562	4902	1705.859	3068	931.599

变量	城镇居民		农村未流动人口		乡城流动人口	
	观测值	平均值	观测值	平均值	观测值	平均值
siblings	3394	2.038	4902	2.981	3068	2.161
eduyear	3394	10.681	4902	5.235	3068	9.416
eduyearsq	3394	129.845	4902	27.476	3068	95.199
han	3394	0.721	4902	0.956	3068	0.979
health	3394	2.259	4902	1.895	3068	1.982
lincome	3394	10.020	4902	9.572	3068	9.962
young	3394	0.496	4902	0.332	3068	0.703
ymale	3394	0.248	4902	0.246	3068	0.399
land			4902	4.610	3068	4.082

表 8-3 对比了流动人口内部的"第一代农民工"与"新生代农民工"的特征。新生代平均年龄仅为 22 岁，为第一代农民工平均年龄的一半，他们是计划生育实行后出生的，因而兄弟姐妹数量也比第一代农民工少；在生育率水平上，他们平均子女数量为 1，远低于第一代农民工的 1.8，当然因为新生代农民工年龄较小，还可能继续生育，所以后续检验的时候会控制年龄因素。对比分析新生代农民工与其同城市及农村未流动的同龄人群体的生育率有着相当重要的现实意义：一则他们基数庞大，现已占农民工总数的 60% 以上；二则他们现在面临着全面二孩政策的实行，生育意愿高低将直接关系着全面二孩政策的实施效果。造成他们生育率低的因素是计划生育政策还是其他因素？探究其原因是解决我国生育率下降问题的一个重要方面。

表 8-3　　　第一代农民工和新生代农民工统计特征对比

变量	新生代农民工		第一代农民工	
	观测值	平均值	观测值	平均值
kid	1389	1.040	1679	1.801
male	1389	0.568	1679	0.569

续表

变量	新生代农民工		第一代农民工	
	观测值	平均值	观测值	平均值
age	1389	22.634	1679	39.417
agesq	1389	575.480	1679	715.702
siblings	1389	1.517	1679	1.714
eduyear	1389	9.942	1679	8.026
eduyearsq	1389	104.722	1679	40.730
han	1389	0.978	1679	0.982
health	1389	1.757	1679	1.963
lincome	1389	9.833	1679	9.765
ymale	1389	0.569	1679	0.637
land	1389	4.265	1679	3.702

8.4　计量实证分析

8.4.1　方法及结果

1. 基本计量模型设定

本章的基本 OLS 回归模型如下：

$$kid_i = \theta_0 + \theta_1 urban_i + \theta_2 rural_i + \theta_3 X_i' + \varepsilon_i$$

其中，kid_i 表示个体 i 已生育的子女数，$urban_i$ 和 $rural_i$ 分别表示个体是城镇居民还是农村非流动居民，X_i' 表示其他控制变量。系数 θ_1 代表其他情况相同时，城镇居民比流动人口的生育率高或低多少，θ_2 则表示了农村非流动居民相对于流动人口的生育率水平。根据主要的流动人口与生育率关系理论：选择理论、同化理论、干扰理论和分离理论（Poston，1985；You and Poston，2004）的解释和预测，流动人口生育率应该介于城镇人口和农村非流动人口生育率之间，也即 $\theta_1 < 0$ 且 $\theta_2 > 0$，所以三类人群的生育率大小关系为：城镇人口 < 流动人口 < 农村非流动人口。

本章同意流动人口生育率低于农村非流动人口生育率的观点，因为他们受教育程度更高，对未来生活期望更高，面临的不确定性因素更多，收入更高，也即生育孩子的机会成本更大，这些因素与生育率均呈负相关（Becker and Lewis，1973；Eanterlin and Crimmins，1985；Jejeebhoy，1995）；但流动人口与城市人口的相对生育率，本章倾向于认为流动人口的更低，虽然流动人口的收入和受教育程度均低于城镇人口，生育观念上也带有农村传统的多子多福倾向，但是由于在城市的流动过程中，他们也会逐渐适应城市的生活观念和生育价值观，另外非常重要的一点是他们相对于城市人口而言，面临更大的未来不确定性，工作和收入的不稳定，未来是回村还是定居在城市，子女是留守在家还是随自己在外流动等都是生育时必须考虑的因素，这些不确定因素会大大推迟生育时间或减少生育，加上中国城乡二元体制结构下，流动人口难以在城市享受各种社会保障和社会福利，这也会对生育率产生负向作用，综上所述，本章倾向于认为，流动人口生育率不仅低于农村非流动人口还低于城镇人口，故而猜想三类群体的生育率大小关系为：流动人口 < 城镇人口 < 农村非流动人口。下面将采用 CHIPS 2008 年数据进行实证检验该猜想。

2. 回归结果及分析

回归结果如表 8 - 4 所示，我们用稳健标准误控制了异方差的可能性。回归Ⅰ是将所有样本数据做混合回归，结果表明其他因素相同时，相对于流动人口，城镇居民的生育率约低 0.1327 个孩子，且是统计显著的，而农村非流动人口的生育率高出流动人口 0.1947 个孩子，这与流动人口与生育率关系的四种理论预测一致，流动人口生育率位于农村非流动人口生育率与城镇人口生育率的中间地带，鉴于流动人口中新生代农民工与第一代农民工的差异较大，下面再将两类流动人口分开对比研究。

回归Ⅱ是在年龄位于 15 岁至 28 岁之间的样本的 OLS 结果，主要是 80 后和 90 后人口，回归Ⅲ则是年龄位于 28 岁到 50 岁之间的人群。与回归Ⅰ比较，将不同年龄阶段的人分开回归的结果差异较大，年轻群体中的生育率对比结果证实了之前的猜想：流动人口 < 城镇人口 < 农村非流动人

口，新生代农民工的生育率约比城镇同龄人低 0.3259，而比农村非流动群体低 0.8240，范叶超（2011）通过在江苏省进行的调研分析了新生代农民工的婚恋观念，其结论表示新生代农民工群体中的未婚率高且生育意愿弱，这与本章结论一致；但年长群体中的生育率回归结果显示了第一代农民工生育率低于农村非流动人口但高于城市人口，且均是统计显著的。

表 8 - 4　　　　　　　普通最小二乘法（OLS）回归结果

解释变量	I	II（young = 1）	III（young = 0）
urban	- 0.1327 *** (0.0204)	0.3259 *** (0.0376)	- 0.2599 *** (0.0238)
rural	0.1947 * (0.0974)	0.8240 * (0.4689)	0.0243 ** (0.0126)
male	0.0645 *** (0.0229)	- 0.0282 (0.0343)	0.0488 ** (0.0234)
age	- 0.0397 *** (0.0093)	- 0.0886 ** (0.0383)	0.0348 (0.0239)
agesq	0.0006 *** (0.0001)	0.0021 ** (0.0009)	- 0.0003 (0.0004)
siblings	0.0732 *** (0.0059)	0.0383 *** (0.0119)	0.0669 *** (0.0068)
eduyear	- 0.0721 *** (0.0086)	- 0.0700 *** (0.0160)	- 0.0610 *** (0.0010)
eduyearsq	0.0016 *** (0.0003)	0.0015 *** (0.0006)	0.0011 *** (0.0004)
han	- 0.1325 ** (0.0666)	- 0.1629 ** (0.0688)	- 0.1340 (0.0886)
health	0.0178 (0.0123)	- 0.0181 (0.0229)	0.0269 (0.0177)
lincome	- 0.0103 (0.0169)	0.0483 ** (0.0214)	- 0..0257 (0.0203)

续表

解释变量	I	II（young = 1）	III（young = 0）
ymale	− 0. 0499 * （0. 0288）	None	None
young	− 0. 2136 *** （0. 0348）	None	None

注：小括号内为标准差，＊、＊＊ 和 ＊＊＊ 分别表示显著性水平为 10%、5% 和 1%，下文同，将不再赘述。

分析回归 I、II 和 III 的结果可以得出以下生育率大小对比结果：新生代农民工＜城镇人口＜第一代农民工＜农村非流动人口。这个结果有着相对重要的意义，这表明农村人口生育率高于城市人口生育率的社会共识不再完全正确，处于乡村之间的季节性流动农民工的生育率不再是简单的城乡人口的平均生育率，新生代农民工的生育率是所有人群中最低的，而这类人群数量不断增大，且处于生育高峰年龄段，他们的低生育率一定程度上可以解释我国近年总和生育率的下降趋势。

8.4.2 工具变量方法分析

1. OLS 回归遗漏变量偏误及解决方法

生育率与个人的人生观，价值观及生活态度息息相关，而流动行为也是个体的选择决策，会受个体主观因素影响。选择理论（Borjas，1987；Chattopadhyay et al，2006；Goldstein，1982）认为流动人口的决策受一些可观察的个人特质，如受教育程度，年龄等，也会受一些不可观察因素影响，如适应能力、思想开放度、风险偏好度等，这些可观察及不可观察因素同样会影响流动行为的决策，因而在研究流动对生育率的影响时需要控制这些不可观测因素，但前面的 OLS 无法做到这一点，因而回归结果可能是有偏误的，下面本章将使用被访者的家庭耕地面积作为流动状态的工具变量（instrumental variable，IV），由于城镇人口没有家庭耕地面积这一变量，故而后面的分析仅适用于所有农村户籍人口，也即农村非流动人口和农民工群体。

2. 耕地面积作为流动状态的工具变量的合理性说明

使用工具变量估计须满足正交性和相关性两个约束条件（Staiger and Stock，1997），正交性即要求工具变量与误差项中的遗漏变量不相关，而相关性约束要求工具变量与内生变量相关。

首先，对于正交性约束条件，由于农村家庭承包的土地面积是由国家土地政策以及各地农村总耕地面积和人口总数等因素决定，与个人的性格因素等遗漏变量无关，可认为耕地面积满足外生性条件。

其次，家庭耕地面积与农民在农村务农的收入相关，是外出流动的机会成本，故而耕地面积越大，机会成本越高，外出流动的可能性越小，故而一般来讲，家庭耕地面积与流动的可能性呈负相关关系，赵（Zhao，2005）的研究也证明了这一点，下面将对相关性进行验证。回归 I 为 OLS 回归，回归 II 是 Logistic 回归，由于是否流动为一个二值变量，从而 OLS 回归可能存在异方差，但 OLS 和 Logistic 回归均表明耕地面积 $land$ 与是否流动 $migration$ 是显著相关的（见表 8 – 5）。所以，耕地面积符合工具变量的正交性和相关性约束，可作为农村人口流动状态的工具变量，后文将采用工具变量法估计流动对生育率的影响。

表 8 – 5　　　　　　　　耕地面积和流动状态的相关性检验

解释变量	I （OLS）	II （Logistic）
$land$	– 0.0029 *** (0.0005)	– 1.2930 *** (0.0184)
$male$	– 0.0072 (0.0094)	0.8489 (0.2743)
age	0.0062 *** (0.0023)	1.2464 *** (0.0962)
$agesq$	– 0.0001 *** (0.0001)	0.9972 *** (0.0008)
$siblings$	– 0.0012 (0.0017)	0.9361 (0.0590)

解释变量	I (OLS)	II (Logistic)
eduyear	0.0293 *** (0.0079)	2.0145 *** (0.2523)
eduyearsq	−0.0017 *** (0.0004)	0.9605 *** (0.0063)
han	−0.0285 *** (0.0046)	*None*
health	0.0001 (0.0033)	1.0213 (0.1412)
lincome	0.0230 *** (0.0060)	1.8039 *** (0.2605)
ymale	0.0060 (0.0108)	1.2938 (0.5422)
young	−0.0054 (0.0110)	1.2018 (0.5948)

3. IV 回归检验与分析

migration 表示是否流动的二元变量，若 *migration* 取值为 1 表示是流动的农民工，取值为 0 则表示是未流动的农村人口，下面是 IV 估计的计量模型：

$$kid_i = \beta_0 + \beta_1 migration + \beta_2 X_i' + \varepsilon_i$$

回归结果如表 8 − 6 所示，仍做了全样本，年轻人群组及老年群组三个样本组的分别回归。在全部农村样本的回归中，流动人口比非流动人口的人均生育率低 0.0752，且在 10% 的显著性水平上是显著的；在年轻群体中，新生代农民工比其在农村的非流动同龄人平均少生育约 0.3427 个孩子，这比全体农村样本中回归系数的低生育率效应大，因为新生代农民工的生育率更低；老一辈农民工的生育率比农村未流动人口高 0.1935，这与我们前面的结果略有不符，本章认为出现这样的结果是因为孩子数量多的个体家庭经济负担更重，从而选择外出务工，存在一定逆向因果关系。

在工具变量估计结果中，男性和女性的生育率差异在不同群体中不同，但这种差异并不显著；在所有的回归中，个体的兄弟姐妹数量 *siblings* 的影响均非常显著，但在总体样本和老龄群体样本中系数为正向，及兄弟姐妹数量越多的个体生育率越高，而在年轻群体中兄弟姐妹个数的影响方向相反，这反映了我国有条件的二孩政策的影响。

表 8 - 6　　　　　　　　　　工具变量估计结果

解释变量	I	II （young = 1）	III （young = 0）
migration	- 0.0752 * （0.0391）	- 0.3427 * （0.1674）	0.1935 *** （0.0387）
male	0.0829 （0.0595）	- 0.0375 （0.0385）	0.1093 （0.0882）
age	0.0187 （0.0253）	- 0.0235 （0.1104）	0.0280 （0.1024）
agesq	0.0004 （0.0253）	0.0012 （0.0019）	0.0004 （0.0011）
siblings	0.0337 ** （0.0146）	- 0.0478 *** （0.0154）	0.0170 ** （0.0070）
eduyear	- 0.1223 * （0.0636）	0.0385 （0.0439）	- 0.3121 ** （0.1485）
eduyearsq	0.0043 （0.0036）	- 0.0047 * （0.0024）	0.0155 * （0.0089）
han	-01470 （0.0948）	- 0.1253 （0.1284）	- 0.2413 * （0.1485）
health	- 0.0039 （0.0272）	- 0.0120 （0.02689）	0.0521 （0.0619）
lincome	- 0.0741 * （0.0388）	0.0116 （0.0378）	- 0.1594 （0.0851）
ymale	- 0.1034 （0.0787）	*None*	*None*
young	0.1164 （0.0868）	*None*	*None*

8.5 结论与政策建议

8.5.1 结论概述

本章利用 CHIPS 2008 年的微观调查数据进行实证分析，对比了城镇人口，农村非流动人口和乡城流动人口的生育率水平，无论是 OLS 还是 IV 估计的结果都表明流动人口的生育率水平比较低，尤其是新生代农民工的生育率更是低于城镇人口，这与迁移流动理论与生育率关系的主要理论的预测结论不同。本章认为，与理论预测结论不一致的主要原因是我国农村剩余劳动力向城市转移的特殊方式，在西方发达国家，随着工业化和城市化水平的推进，农村生产技术提高，释放出来的剩余劳动力可以转移到城市，成为城市居民，这部分人群的生育率水平开始会接近农村非流动居民，也即处于高于城市居民的水平，其中原因包括迁移流动过程带来的生育干扰、中断等，但随着时间推移会慢慢接近城市居民生育率。

而我国的特殊流动机制下，农民工不能获得城市户口，只能季节性迁移，往返于乡城之间。城市的收入高、工作机会多、生活基础设施丰富等"拉力"条件，农村的劳动力过剩、收入水平低、低福利保障等"推力"因素导致了大量农村劳动力流向城市（Bogue，1959），尤其是年轻的新生代农民工，他们务农经验少，没有其父辈的土地依恋感，从小受到城市环境的熏陶更多，向往城市的高品质生活，更加希望在城市生根发芽，但实现这一人生目标的重要障碍之一便是户籍制度这一行政因素，苛刻的入户条件使得大多数人难以逾越。从 1998 年开始我国就开始了户籍制度，但过程仍旧相对缓慢，孙文凯等（2011）研究了我国 2003 ~ 2006 年户籍制度改革，表明户改对劳动力流动影响较小，主要原因是改革条件严苛，致使农民工获得城市户籍并享受到城市居民的同等福利的可能性极小。大城市的流动人口过着"北漂""东南漂"的生活，他们有着与城市人口相近的生活方式和未来方向，但是面临的压力却要远远超出早已拥有城市户籍的同龄人，他们在生育行为决策时要考虑诸如生育地点、子女未来的养育、受教育等因素，在经济、思想和未来的不确定种种约束下，他们推迟生育或者选择少生，最终导致他们的生育率极低。

8.5.2　政策建议

虽然对已有的人口数据的真实性存在许多争议，比如不少学者认为人口普查中有瞒报、谎报情况，根据 2010 年的"六普"数据，人口总和生育率低至 1.28，但蔡昉（2015）认为"六普"的原始数据中存在误差，真实总和生育率不可能是 1.18，曾毅（2011）估计 2010 年总和生育率为 1.63。所以即使普查数据对生育率的测算存在偏差，根据人口学家和经济学家的估计生育率也仍是处于低水平的。过低的生育率将导致人口总量及增量、人口年龄性别结构的相应变化，带来人口老龄化加剧、劳动力丰富的优势资源将逐渐消失、人口红利殆尽等诸多社会经济问题，故而许多国家和地区的政策导向也发生了变化，从人口控制或计划生育政策转向了鼓励生育政策，除生育率长期较低的欧洲国家外还包括日本、新加坡、韩国等东亚国家及大洋洲国家（汤梦君，2013；沈可等，2012），应对人口结构数量变化的还有其他相关政策措施，如生育福利、延迟退休等。

我国政府也为应对过低生育率逐渐放开计划生育政策。但综观我国自 20 世纪 70 年代以来的政策变动，从最开始的全面计划生育，主张"晚、稀、少"，后发展为"晚婚、晚育、少生、优生"，1980 年的"一孩政策"，1984 年在农村地区有条件地实行"一孩半"政策，2002 年实施"双独二孩"，2013 年推行"单独二孩"，再到 2016 年的"全面二孩"政策，当然相应改变的也有一些配套措施，如产假、生育补贴福利等。但实践证明政策的逐步放宽并未带来生育率的显著提高，这实际表明了生育率下降并不是主要由政策限制导致。对于本身生育意愿不强的人群而言，计划生育的限制性政策只是一个软约束条件，故而放宽政策并不能对低生育意愿的人起到激励作用，不是解决生育率下降根本之策，"全面二孩"政策也恐怕收效甚微。

本章的结论表明流动人口的生育意愿尤其弱，而这又是户籍制度下的特殊劳动力流动方式所致，历史时代因素下的城乡分割户籍制度带来了城乡居民有差别化的社会福利和社会保障，涉及教育、住房及医疗等各个方面，在城市工作生活的"农村人"难以从物质上和心理上获得双重安定，大大减弱了生育意愿。那么只有加快户籍制度改革，并且使改革措施能够真正惠及农民工群体，才能既促进社会公平，推动我国城市化进程的向前推进，又真正缓解我国的劳动力资源衰竭和老龄化加剧的难题。

参 考 文 献

［1］边燕杰，刘勇利．社会分层、住房产权与居住质量——对中国"五普"数据的分析［J］．社会学研究，2005，3（3）．

［2］蔡昉，都阳，王美艳．户籍制度与劳动力市场保护［J］．经济研究，2001，12（1）．

［3］蔡昉．农民工市民化与新消费者的成长［J］．中国社会科学院研究生院学报，2011（3）．

［4］蔡昉，都阳．工资增长、工资趋同与刘易斯转折点［J］．经济学动态，2011（9）．

［5］蔡昉．中国流动人口问题［M］．北京：社会科学文献出版社，2007．

［6］曹广忠，李凯，刘涛．中国流动人口家庭消费结构与完全城镇化——基于城市流动人口调查数据的实证研究［C］．中国地理学会2012年学术年会学术论文集．

［7］陈斌开，陆铭，钟宁桦．户口制约下的居民消费［J］．经济研究，2020（S1）．

［8］陈斌开，陆铭，钟宁桦．户籍制约下的居民消费［J］．经济研究，2010，45（S1）．

［9］陈昊，赵春明，杨立强．户籍所在地"反向歧视之谜"：基于收入补偿的一个解释［J］．世界经济，2017，40（5）．

［10］陈卫，吴丽丽．中国人口迁移与生育率关系研究［J］．人口研究，2006（1）．

［11］陈卫．外来人口与我国城市低生育率［J］．人口研究，2005（4）．

［12］陈琦，徐舒．农民工与城镇职工的工资差距及其动态同化［J］．

经济研究，2014（10）.

[13] 陈映芳. 农民工：制度安排与身份认同 [J]. 社会学研究，2005（3）.

[14] 崔岩. 流动人口心理层面的社会融入和身份认同问题研究 [J]. 社会学研究，2012（5）.

[15] 邓曲恒. 城镇居民与流动人口的收入差异——基于 Oaxaca - Blinder 和 Quantile 方法的分解. 中国人口科学，2007（2）.

[16] 丁彩霞，黄岩. 基于未来归属的新生代农民工身份认同的困境及应对策略 [J]. 农业经济 2014（1）.

[17] 都阳，蔡昉，屈小博，程杰. 延续中国奇迹：从户籍制度改革中收获红利 [J]. 经济研究，2014，49（8）.

[18] 都阳，王美艳. 农村剩余劳动力的新估计及其含义 [J]. 广州大学学报（社会科学版），2010，9（4）.

[19] 樊纲，郭万达. 农民工早退：理论、实证与政策 [M]. 北京：中国经济出版社，2013.

[20] 范叶超. 传统还是现代：新生代农民工的婚恋现状 [J]. 法制与社会，2011（2）.

[21] 封世蓝，谭娅，黄楠，龚六堂. 户籍制度视角下的大学生专业与就业行业匹配度异质性研究——基于北京大学 2008 - 2014 届毕业生就业数据的分析 [J]. 经济科学，2017，5（1）.

[22] 郭凤鸣，曲俊雪. 中国劳动者过度劳动的变动趋势及影响因素分析 [J]. 劳动经济研究，2016，4（1）.

[23] 郭凤鸣，张世伟. 最低工资提升对低收入农民工过度劳动的影响 [J]. 中国人口科学，2018（5）.

[24] 郭志刚. 流动人口对当前生育水平的影响 [J]. 人口研究，2010（1）.

[25] 郭志刚. 中国低生育水平及其影响因素 [J]. 人口研究，2008（4）.

[26] 国家统计局. 中国统计年鉴（2010）[M]. 北京：中国统计出版社，2010.

[27] 国家统计局农村司. 中国农村住户调查年鉴（2014）[M]. 北

京：中国统计出版社，2014.

[28] 国务院发展研究中心课题组. 流动人口市民化对扩大内需和经济增长的影响 [J]. 经济研究, 2010 (6).

[29] 韩俊强. 农民工住房与城市融合——来自武汉市的调查 [J]. 中国人口科学, 2013 (2).

[30] 杭慧. 劳动力资源管理视野下新生代农民工身份认同问题研究 [J]. 农业经济, 2014 (12).

[31] 何英华. 户籍制度松紧程度的一个衡量 [J]. 经济学季刊, 2004, S1 (1).

[32] 洪兴建, 李金昌. 两极分化测度方法述评与中国居民收入两极分化 [J]. 经济研究, 2007 (11).

[33] 洪占卿, 郭峰. 国际贸易水平、省际贸易潜力和经济波动 [J]. 世界经济, 2012, 35 (10).

[34] 侯慧丽. 城市化进程中流入地城市规模对流动人口生育意愿的影响 [J]. 人口与发展, 2017 (5).

[35] 黄侦, 邓习赣. 农民工消费行为与身份认同困境研究 [J]. 江西社会科学, 2014 (11).

[36] 贾男, 马俊龙. 非携带式医保对农村劳动力流动的锁定效应研究 [J]. 管理世界, 2015, 9 (1).

[37] 孔祥利, 粟娟. 我国流动人口消费影响因素分析——基于全国28省区1860个样本调查数据 [J]. 陕西师范大学学报（哲学社会科学版), 2013, 42 (1).

[38] 黎相宜, 周敏. 抵御性族裔身份认同——美国洛杉矶海南籍越南华人的田野调查与分析 [J]. 民族研究, 2013 (1).

[39] 李丁, 郭志刚. 中国流动人口的生育水平——基于全国流动人口动态监测调查数据的分析 [J]. 中国人口科学, 2014 (3).

[40] 李丁, 郭志刚. 中国流动人口的生育水平 [J]. 中国社会科学, 2014 (3).

[41] 李光勤, 曹建华, 邵帅. 语言多样性与中国对外开放的地区差异 [J]. 世界经济, 2017, 40 (3).

[42] 李虹, 倪士光, 黄琳妍. 流动人口自我身份认同的现状与政策

建议 [J]. 西北师大学报（社会科学版），2012，49（4）.

[43] 李培林. 流动农民工的社会网络和社会地位 [J]. 社会学研究，1996（4）.

[44] 李强. 农民工与中国社会分层 [M]. 北京：社会科学文献出版社，2004.

[45] 李荣彬，袁城. 社会变迁视角下流动人口身份认同的实证研究——基于全国流动人口动态监测调查数据 [J]. 人口与发展，2013（6）.

[46] 李实. 中国劳动力市场中的流动人口状况 [J]. 劳动经济研究，2013，1（1）.

[47] 李思齐. 城市化进程中新生代农民工身份认同的影响因素 [J]. 安徽农学通报，2012，18（11）.

[48] 梁同贵. 人口的乡城流动会降低生育水平吗？——基于递进生育率指标的分析 [J]. 学习与实践，2018（2）.

[49] 梁同贵. 乡城流动人口的生育间隔及其影响因素——以上海市为例 [J]. 人口与经济，2016（5）.

[50] 梁同贵. 乡城流动人口与农村本地人口的生育水平差异 [J]. 中国人口科学，2017（3）.

[51] 刘厚莲. 配偶随迁降低了流动人口生育意愿吗？[J]. 人口学刊，2017（4）.

[52] 刘汶蓉. 自我意识与身份认同的中俄比较——来自上海和彼得堡调查的经验证据 [J]. 俄罗斯中亚东欧研究，2012（3）.

[53] 刘学军，赵耀辉. 劳动力流动对城市劳动力市场的影响 [J]. 经济学季刊，2009，8（2）.

[54] 卢海阳. 社会保险对进城流动人口家庭消费的影响 [J]. 人口与经济，2014（4）.

[55] 陆铭，陈钊. 城市化、城市倾向的经济政策与城乡收入差距 [J]. 经济研究，2004，6（1）.

[56] 陆铭，向宽虎. 地理与服务业——内需是否会使城市体系分散化 [J]. 经济学季刊，2012，11（3）.

[57] 陆淑珍，魏万青. 城市外来人口社会融合的结构方程模型——基于珠三角地区的调查 [J]. 人口与经济，2011（5）.

［58］陆学艺．当代中国社会流动［M］．北京：社会科学文献出版社，2004．

［59］陆益龙．户口还起作用吗——户籍制度与社会分层和流动［J］．中国社会科学，2008，1（1）．

［60］罗楚亮．经济转轨、不确定性与城镇居民消费行为［J］．经济研究，2004（4）．

［61］罗楚亮．居民收入分布的极化［J］．中国人口科学，2010，2010（6）．

［62］罗俊峰，童玉芬．流动人口就业者工资性别差异及影响因素研究——基于2012年流动人口动态监测数据的经验分析［J］．经济经纬，2015，32（1）．

［63］马超，顾海，孙徐辉．城乡医保统筹有助于农业流动人口心理层面的社会融入吗？［J］．中国农村观察，2017（2）．

［64］马光荣，周广素．新型农村养老保险对家庭储蓄的影响：基于CFPS数据的研究［J］．经济研究，2014（11）．

［65］马小红，段成荣，郭静．四类流动人口的比较研究［J］．中国人口科学，2014（5）．

［66］明娟，曾湘泉．流动人口家庭与城镇住户消费行为差异分析——来自中国城乡劳动力流动调查的证据［J］．中南财经政法大学学报，2014（4）．

［67］宁光杰，李瑞．城乡一体化进程中农民工流动范围与市民化差异［J］．中国人口科学，2016（4）．

［68］钱龙，卢海阳，钱文荣．身份认同影响个体消费吗？——以农民工在城文娱消费为例［J］．南京农业大学学报（社会科学版），2015（6）．

［69］钱文荣，李宝值．不确定性视角下流动人口消费影响因素分析——基于全国2679个流动人口的调查数据［J］．中国农村经济，2013（11）．

［70］秦晓娟，孔祥利．农村转移劳动力市民身份认同及其影响因素——基于全国2226份调查问卷数据［J］．湖南农业大学学报（社会科学版），2014（4）．

［71］任远，乔楠．城市流动人口社会融合的过程、测量及影响因素［J］．人口研究，2010，34（2）．

[72] 沈可，王丰，蔡泳．国际人口政策转向对中国的启示 [J]．国际经济评论，2012 (1)．

[73] 盛来运．金融危机中流动人口就业面临新挑战 [M]//都阳：城乡福利一体化：探索与实践．北京：社会科学文献出版社，2010．

[74] 宋铮．中国居民储蓄行为研究 [J]．金融研究，1999 (6)．

[75] 粟娟，孔祥利．中国流动人口消费结构特征及市民化趋势分析——基于全国 28 省 1249 份有效样本数据检验 [J]．统计与信息论坛，2012，27 (12)．

[76] 孙凤．预防性储蓄理论与中国居民消费行为 [J]．南开经济研究，2001 (1)．

[77] 孙丽丽，冯斌斌，杨淑萍．新生代农民工的消费行为与身份认同 [J]．唐山师范学院学报，2014 (1)．

[78] 孙文凯，白重恩，谢沛初．户籍制度改革对中国农村劳动力流动的影响 [J]．经济研究，2011，46 (1)．

[79] 孙文凯，王晶，李虹．中国近年体制内工资溢价趋势——来自中国综合社会调查数据的证据 [J]．劳动经济研究，2016，4 (4)．

[80] 孙文凯，王乙杰．父母外出务工对留守儿童健康的影响——基于微观面板数据的再考察 [J]．经济学季刊，2016，15 (3)．

[81] 孙文凯．中国的户籍制度现状、改革阻力与对策 [J]．劳动经济研究，2017 (3)．

[82] 孙文凯，白重恩．我国农民消费行为的影响因素 [J]．清华大学学报，2008 (6)．

[83] 孙文凯，白重恩，谢沛初．户口制度改革对农村劳动力流动影响 [J]．经济研究，2011 (1)．

[84] 孙文凯，郭杰，赵忠，汤璨．我国就业结构变动与技术升级研究 [J]．经济理论与经济管理，2018 (6)．

[85] 孙文凯．户籍制度改革对中国农村劳动力流动的影响 [J]．经济研究，2011 (1)．

[86] 孙文凯，李晓迪，王乙杰．流动人口社会身份认知对消费影响 [J]．南方经济，2019 年接受待发表．

[87] 孙文凯．中国的户籍制度现状、改革阻力与对策 [J]．劳动经

济研究，2017，5（3）.

［88］孙文凯和王乙杰重估户口改变对农民工家庭消费的影响——来自微观跟踪数据的证据［R］.经济研究工作论文，2016，WP1131.

［89］谭江蓉，徐茂.城市融入背景下流动人口消费行为的影响因素——以重庆市为例［J］.城市问题，2016（1）.

［90］谭晓青.中国人口迁移与生育率［J］.人口研究，1990（4）.

［91］汤梦君.中国生育政策的选择：基于东亚、东南亚地区的经验［J］.人口研究，2013（6）.

［92］陶然，周敏慧.父母外出务工与农村留守儿童学习成绩——基于安徽、江西两省调查实证分析的新发现与政策含义［J］.管理世界，2012，8（1）.

［93］万广华、张茵、牛建高.流动性约束、不确定性与中国居民消费［J］.经济研究，2001（11）.

［94］万海远，李实.户籍歧视对城乡收入差距的影响［J］.经济研究，2013，48（9）.

［95］万海远，李实.户籍歧视对城乡收入差距的影响［J］.经济研究，2013（9）.

［96］汪晨，万广华，曹晖.中国城乡居民收入极化的趋势及其分解：1988－2007年［J］.劳动经济研究，2015（5）.

［97］汪进，钟笑寒.中国的刘易斯转折点是否到来——理论辨析与国际经验［J］.中国社会科学，2011，5（1）.

［98］汪丽萍.融入社会视角下的新生代流动人口消费行为——市民化消费和炫耀性消费［J］.农村经济，2013（6）.

［99］王春超，张呈磊.子女随迁与农民工的城市融入感［J］.社会学研究，2017（2）.

［100］王格玮.地区间收入差距对农村劳动力迁移的影响——基于第五次全国人口普查数据的研究［J］.经济学季刊，2004，S1（1）.

［101］王美艳.流动人口消费水平的变化及其影响因素［M］//蔡昉.中国人口与劳动问题报告 No.14——从人口红利到制度红利.北京：社会科学文献出版社，2013.

［102］王湘红，孙文凯，任继球.相对收入对外出务工的影响：来自

中国农村的证据 [J]. 世界经济, 2012 (5).

[103] 王晓宇, 原新, 韩昱洁. 家庭生育决策与全面两孩政策——基于流动人口的视角 [J]. 南开经济研究, 2018 (2).

[104] 吴贾, 姚先国, 张俊森. 城乡户籍歧视是否趋于止步——来自改革进程中的经验证据 [J]. 经济研究, 2015, 50 (11).

[105] 吴愈晓. 劳动力市场分割、职业流动与城市劳动者经济地位获得的二元路径模式 [J]. 中国社会科学, 2011, 01 (1).

[106] 夏怡然, 陆铭. 城市间的"孟母三迁"——公共服务影响劳动力流向的经验研究 [J]. 管理世界, 2015, 10 (1).

[107] 肖红梅. 城市从业者"过劳"的成因分析——基于北京地区的调查数据 [J]. 人口与经济, 2014 (3).

[108] 谢立黎, 黄洁瑜. 中国老年人身份认同变化及其影响因素研究 [J]. 人口与经济, 2014 (1).

[109] 新生代流动人口研究课题组. 新生代流动人口的数量、结构和特点 [M] //蔡昉. 中国人口与劳动问题报告 No. 12——"十二五"时期的挑战: 人口、就业和收入分配. 北京: 社会科学文献出版社, 2011.

[110] 邢春冰. 农民工与城镇职工的收入差距 [J]. 管理世界, 2008 (5).

[111] 邢春冰. 迁移、自选择与收入分配——来自中国城乡的证据 [J]. 经济学季刊, 2010, 9 (2).

[112] 杨菊华. 流动人口在流入地社会融入的指标体系——基于社会融入理论的进一步研究 [J]. 人口与经济, 2010 (2).

[113] 杨菊华. 论社会融合 [J]. 江苏行政学院学报, 2016 (6).

[114] 杨菊华. 城乡分割、经济发展与乡—城流动人口的收入融入研究 [J]. 人口学刊, 2011 (5).

[115] 杨菊华, 从隔离、选择融入到融合: 流动人口社会融入问题的理论思考 [J]. 人口研究, 2009, 33 (1).

[116] 杨菊华. 流动人口二孩生育意愿研究 [J]. 中国人口科学, 2018 (1).

[117] 杨菊华. 单独二孩政策下流动人口的生育意愿试析 [J]. 中国人口科学, 2015 (1).

[118] 杨联芬. 新伦理与旧角色：五四新女性身份认同的困境 [J]. 中国社会科学，2010 (5).

[119] 约翰·奈特，邓曲恒，李实，杨穗. 中国的民工荒与农村剩余劳动力 [J]. 管理世界，2011，11 (1).

[120] 翟学伟. 社会流动与关系信任——也论关系强调与农民工的求职策略 [J]. 社会学研究，2003 (1).

[121] 张航空. 流动人口的生育意愿与生育行为差异研究 [J]. 南方人口，2012 (2).

[122] 张吉鹏. 户籍制度改革与城市落户门槛的量化分析 [J]. 工作论文，2017.

[123] 张继海. 社会保障对中国城镇居民消费和储蓄行为影响研究 [M]. 北京：中国社会科学出版社，2008.

[124] 张静. 社会身份的结构性失位问题 [J]. 社会学研究，2010 (6).

[125] 张淑华，李海莹，刘芳. 身份认同研究综述 [J]. 心理研究，2012 (1).

[126] 张文宏，雷开春. 城市新移民社会融合的结构、现状与影响因素分析 [J]. 社会学研究，2008 (5).

[127] 张文宏，雷开春. 城市新移民社会认同的结构模型 [J]. 社会学研究，2009，24 (4).

[128] 张勋，刘晓光，樊纲. 农业劳动力转移与家户储蓄率上升 [J]. 经济研究，2014 (4).

[129] 张展新. 从城乡分割到区域分割——城市外来人口研究新视角 [J]. 人口研究，2007 (6).

[130] 赵昕东，李翔. 流动人口女性个体的生育间隔影响因素研究——基于 2016 年全国流动人口动态监测调查数据 [J]. 统计研究，2018 (10).

[131] 郑松泰. 信息主导背景下农民工的生存状态和身份认同 [J]. 社会学研究，2010 (2).

[132] 中国发展研究基金会. 中国发展报告 2010：促进人的发展的中国新型城市化战略 [M]. 北京：人民出版社，2010.

［133］中国社会科学院语言研究所，中国社会科学院民族学与人类学研究所，香港城市大学语言资讯科学研究中心．中国语言地图集［M］．北京：商务印书馆，2012.

［134］钟笑寒．劳动力流动与工资差异［J］．中国社会科学，2006（1）.

［135］周皓．人口流动对生育水平的影响：基于选择性的分析［J］．人口研究，2015（1）.

［136］周皓．流动人口社会融合的测量及理论思考［J］．人口研究，2012，36（3）.

［137］周敏，林闽钢．族裔资本与美国华人移民社区的转型［J］．社会学研究，2004（3）.

［138］周素戎，朱虹．身份认同与青少年符号消费——以鞋为例［J］．中国青年研究，2013（12）.

［139］周文，赵方，杨飞，李鲁．土地流转、户籍制度改革与中国城市化：理论与模拟［J］．经济研究，2017，52（6）.

［140］朱力．论农民工阶层的城市适应［J］．江海学刊，2002（6）.

［141］朱力．中外移民社会适应性的差异性和共同性［J］．南京社会科学，2010（10）.

［142］朱天．张军中国的消费率被低估了多少［J］．经济学报，2014（2）.

［143］庄渝霞．不同代别农民工生育意愿及其影响因素——基于厦门市912位农村流动人口的实证研究［J］．社会，2008（1）.

［144］邹静，陈杰，王洪卫．社会融合如何影响流动人口的居住选择——基于2014全国流动人口监测数据的研究［J］．上海财经大学学报，2017（10）.

［145］Acemoglu D, Autor D H. Skills, Tasks and Technologies：Implications for Employment and Earnings［M］．Elsevier, 2011.

［146］Acemoglu D, Pischke J S. Beyond Becker：Training in Imperfect Labour Markets［J］．The Economic Journal, 1999, 109（453）：112 – 142.

［147］Afridi F, Li S X, Ren Y. Social Identity and Inequality：The Impact of China's Hukou System［J］．Journal of Public Economics, 2015：17 – 29.

[148] Akerlof G A, Kranton R E. Economics and Identity [J]. Quarterly Journal of Economics, 2000 (3): 715 – 753.

[149] Alba R, Nee V. Rethinking assimilation theory for an immigration [J]. International Migration Review, 1997, 31 (4): 826 – 874.

[150] Algan Y, Dustmann C, Glitz A, Manning A. The Economic Situation of First and Second – Generation Immigrants in France, Germany and the United Kingdom [J]. Economic Journal, 2010, 120 (542): 4 – 30.

[151] Alichi A, Kantenga K, Sole J. Income Polarization in the United States [C]. IMF Working Papers, 2016, 16 (121): 1.

[152] Altman, M. New Estimates of Hours of Work and Real Income in Canada from The 1880S to 1930: Long – Run Trends and Workers' Preferences [J]. Review of Income and Wealth, 1999, 45 (3): 353 – 372.

[153] Araar A. On the Decomposition of Polarization Indices: Illustrations with Chinese and Nigerian Household Surveys [J]. Social Science Electronic Publishing, 2008, 8 (806).

[154] Au C C, Henderson J V. How migration restrictions limit agglomeration and productivity in China [J]. Journal of Development Economics, 2006, 80 (2): 350 – 388.

[155] Autor D H, Katz L F, Kearney M S. Trends in US wage inequality: Revising the revisionists [J]. The Review of economics and statistics, 2008, 90 (2): 300 – 323.

[156] Autor D H, Levy F, Murnane R J. The skill content of recent technological change: An empirical exploration [J]. The Quarterly journal of economics, 2003, 118 (4): 1279 – 1333.

[157] Autor D, Dorn D. This Jobis "Getting Old": Measuring Changes in Job Opportunities Using Occupational Age Structure [J]. American Economic Review, 2009, 99 (2): 45 – 51.

[158] Becker G S, Lewis H G. On the interaction between the quantity and quality of children [J]. Journal of Political Economy, 1973 (2): 279 – 288.

[159] Becker G S. A Treatise on the Family. Cambridge: Harvard University Press, 1991.

［160］ Benjamin D J, Choi J J, Strickland A J. Social identity and preferences ［J］. American Economic Review, 2010, 100 （4）: 1913 – 1928.

［161］ Bertrand M, Kamenica E, Pan J. Gender Identity and Relative Income within Households ［J］. The Quarterly Journal of Economics, 2015, 130 （2）: 571 – 614.

［162］ Bleakley H, ChinA. Age at Arrival, English Proficiency, and Social Assimilation Among U. S. Immigrants ［G］. Department of Economics, University College London, 2009: 165 – 192.

［163］ Bluestone B, Rose S J. The Macroeconomics of Work Time ［J］. Review of Social Economy, 1998, 56 （4）: 425 – 441.

［164］ Bosker M, Brakman S, Garretsen H, Schramm M. Relaxing Hukou: Increased labor mobility and China's economic geography ［J］. Journal of Urban Economics, 2012, 72 （2 – 3）: 252 – 266.

［165］ Bowles S, Park Y. Emulation, Inequality, and Work Hours: Was Thorsten Veblen Right? ［J］. The Economic Journal, 2005, 115 （507）: 397 – 412.

［166］ Brown A, Deaton A. Surveys in applied economics: models of consumer behavior ［J］. The Economic Journal, 1972, 82 （328）: 1145 – 1236.

［167］ Buchinsky M, Gotlibovski C, Lifshitz O. Residential location, work location, and labor market outcomes of immigrants in Israel ［J］. Econometrica, 2014, 82 （3）: 995 – 1054.

［168］ Yong C. Assessing fertility levels in China using variable-r method ［J］. Demography, 2008 （2）: 371 – 381.

［169］ Yong C. China's Below – Replacement Fertility: Government Policy or Socioeconomic Development? ［J］. Population and Development Review, 2010 （3）: 419 – 430.

［170］ David C. Immigrant Inflows, Native Outflows, and the Local Labor Market Impacts of Higher Immigration ［J］. Journal of labor Economics, 2001, 19 （1）: 22 – 64.

［171］ Carroll C D, Rhee B K, Rhee C. Are There Cultural Effects on Saving? Some Cross – Sectional Evidence ［J］. Quarterly Journal of Economics,

1994, 109 (3): 685 –699.

[172] Caruso C C. Possible Broad Impacts of Long Work Hours [J]. Industrial Health, 2006, 44 (4): 531 –536.

[173] Bonnefond C, Clément M. An analysis of income polarisation in rural and urban China [J]. Post – Print, 2012, 24 (1): 15 –37.

[174] Cha Y, Weeden K A. Overwork and the Slow Convergence in the Gender Gap in Wages [J]. American Sociological Review, 2014, 79 (3): 457 –484.

[175] Chamon MD, Prasad E S. Why are Saving Rates of Urban Households in China Rising? [J]. American Economic Journal: Macroeconomics, 2010, 2 (1): 93 –130.

[176] Chen R, Chen Y. The potential of social identity for equilibrium selection [J]. American Economic Review, 2011, 101 (6): 2562 –2589.

[177] Chen Y, Li S X. Group identity and social preferences [J]. American Economic Review, 2009, 99 (1): 431 –457.

[178] Chen Y, Li S X. Group Identity and Social Preferences [J]. The American Economic Review, 2009, 99 (1): 431 –457.

[179] Chen B Lu M, Zhong N. How Urban Segregation Distorts Chinese Migrants' Consumption? [J]. World Development, 2015 (70): 133 –146.

[180] Cleveland M, Laroche M, Pons F, Kastoun R. Acculturation and consumption: Textures of cultural adaptation [J]. International Journal of Intercultural Relations, 2009, 33 (3): 196 –212.

[181] Cortes G M, Jaimovich N, Nekarda C J, et al. The Micro and Macro of Disappearing Routine Jobs: A Flows Approach [C]. NBER Working Papers, 2014.

[182] Cortes G M, Jaimovich N, Siu H E. Disappearing Routine Jobs: Who, How, and Why? [C]. NBER Working Papers, 2016.

[183] Autor D, Dorn D. This Job is "Getting Old": Measuring Changes in Job Opportunities Using Occupational Age Structure [C]. NBER Working Paper No. 14652, 2009.

[184] Dahlgren A, Kecklund G, Akerstedt T. Overtime work and its

effects on sleep, sleepiness, cortisol and blood pressure in an experimental field study [J]. Scandinavian Journal of Work, Environment & Health, 2006, 32 (4): 318 – 327.

[185] Dehejia R. Practical Propensity Score Matching: A Reply to Smith and Todd [J]. Journal of Econometrics, 2005, 125 (1): 355 – 364.

[186] Drago R, Black D, Wooden M. The existence and persistence of long hours [C]. IZA Discussion Paper No. 1720, 2005.

[187] Drinkwater S, Robinson C, Barrett A. Welfare participation by immigrants in the UK [J]. International Journal of Manpower, 2013, 34 (2): 100 – 112.

[188] Duclos J Y, Esteban J, Ray D. Polarization: Concepts, Measurement, Estimation [J]. Econometrica, 2004, 72 (6): 1737 – 1772.

[189] Ellingsen T, Johannesson M. Paying Respect [J]. Journal of Economic Perspectives. 2007 (21): 135 – 150.

[190] Emsley R. Lunt M, Pickles A, Dunn G. Implementing Double-robust Estimators of Causal Effects [J]. Stata Journal, 2008, 8 (3): 334 – 353.

[191] Esteban J M, Ray D. On the Measurement of Polarization [J]. Econometrica, 1994, 62 (4): 819 – 851.

[192] Ezcurra R. Does Income Polarization Affect Economic Growth? The Case of the European Regions [J]. Regional Studies, 2009, 43 (2): 267 – 285.

[193] Fang H, Loury G C. "Dysfunctional Identities" Can be Rational [J]. The American Economic Review, 2005, 95 (2): 104 – 111.

[194] Feldstein M. Social Security Induced Retirement and Aggregate Capital Accumulation [J]. Journal of Political Economy, 1974, 82 (5): 905 – 926.

[195] Foote C L, Ryan R W. Labor-market polarization over the business cycle [C]. NBER Macroeconomics Annual, 2015, 29 (1): 371 – 413.

[196] Foster J E, Wolfson M C. Polarization and the decline of the middle class: Canada and the U. S. [J]. Journal of Economic Inequality, 2010, 12 (3): 435 – 437.

［197］ Frey C B, Osborne M. The future of employment ［J］. Technological Forecasting and Social Change, 2017 (114): 254 – 280.

［198］ Cortes G M, Jaimovich N, Siu H E. Disappearing Routine Jobs: Who, How, and Why ［J］? Journal of Monetary Economics, 2017 (91).

［199］ Gasparini L, Gutiérrez F, Tornarolli L. Growth and Income Poverty in Latin America and the Caribbean: Evidence from Household Surveys ［J］. Review of Income and Wealth, 2007, 53 (2): 37.

［200］ Glaeser E L, Tobio K. The Rise of the Sunbelt ［J］. Southern Economic Journal, 2008, 74 (3): 610 – 643.

［201］ Golden L. A Brief History of Long Work Time and the Contemporary Sources of Overwork ［J］. Journal of Business Ethics, 2009, 84 (2): 217 – 227.

［202］ Goldlust J, Richmond A H. A multivariate model of immigrant adaptation ［J］. International Migration Review, 1974, 8 (2): 193.

［203］ Goldstein A, White M, Goldstein S. Migration, Fertility and State Policy in Hubei Province ［J］. China Demography, 1997 (4): 481 – 491.

［204］ GuoZ, Wu Z, Schimmele C M, Li S Z. The Effect of Urbanization on China's Fertility ［J］. Population Research and Policy Review, 2012 (3): 417 – 434.

［205］ Hamermesh D S, Trejo S J. How do Immigrants Spend Their Time? The Process of Assimilation ［J］. Journal of Population Economics, 2013, 26 (2): 507 – 530.

［206］ Hare D. The Determinants of Job Location and Its Effect on Migrants Wages: Evidence from Rural China ［J］. Economic Development and Cultural Change, 2002 (50): 557 – 579.

［207］ Hare D. Push versus Pull Factors in Migration Outflows and Returns: Determinants of Migration Status ［J］. Journal of Development Studies, 1999 (3): 28 – 45.

［208］ Heinrich C, Maffioli A, Vazquez G. A Primer for Applying Propensity – Score Matching ［S］. Technical Notes, Inter – American Development Bank, No. IDB – TN – 161, 2010.

[209] Hoff K and Pandey P. Discrimination, social identity, and durable inequalities [J]. American Economic Review, 2006, 96 (2): 206 –211.

[210] Hogg MA, Williams K D. From I to We: Social Identity and the Collective Self [J]. Group Dynamics: Theory, Research, and Practice, 2000, 4 (1): 81 –97.

[211] Hsieh C, Klenow P. Misallocation and Manufacturing TFP in China and India [J]. Quarterly Journal of Economics, 2009, 124 (4): 1403 –1448.

[212] Huddy L. From social to political identity: a critical examination of social identity theory [J]. Political psychology, 2001, 22 (1): 127 –156.

[213] Jacobs J A, Green K. Who are the Overworked Americans [J]. Review of Social Economy, 1998, 56 (4): 442 –459.

[214] Jaspal R. Language and social identity: A psychosocial approach [J]. Psychtalk, 2009 (64): 17 –20.

[215] Kahanec M, Shields M P. The Working Hours of Immigrants in Germany: Temporary Versus Permanent [J]. IZA Journal of Migration, 2013, 2 (1).

[216] Koczan Z. Does identity matter? [J]. Migration Studies, 2016, 4 (1): 116 –145.

[217] Kohler H, Billari F C, Ortega J A. The emergence of lowest-low fertility in Europe during the 1990s [J]. Population and Development Review, 2002 (28): 641 –680.

[218] Kohler HP, Kohler I. Fertility decline in Russia in the early and mid –1990s: The role of uncertainty and labour market crises [J]. European Journal of Population, 2002 (18): 233 –262.

[219] Kuhn P, Lozano F A. The Expanding Workweek? Understanding Trends in Long Work Hours Among U. S. Men, 1979 –2004 [J]. Journal of Labor Economics, 2008, 26 (2): 311 –343.

[220] Lunceford J K, Davidian M. Stratification and Weighting via the Propensity Score in Estimation of Causal Treatment Effects: A Comparative Study [J]. Statistics in Medicine, 2004, 23 (19): 2937 –2960.

[221] Mandelman F, Zlate A. Offshoring, low-skilled immigration, and labor market polarization [C]. Federal Reserve Bank of Atlanta, Working Paper 2014 – 28, 2014.

[222] Mao R, Xu J, Zou J. The labor force age structure and employment structure of the modern sector [J]. China Economic Review, 2018 (52): 1 – 15.

[223] Meng X. Unemployment, Consumption Smoothing, and Precautionary Saving in Urban China [J]. Journal of Comparative Economics, 2003, 31 (3): 465 – 485.

[224] Michelacci C, Pijoan – Mas J. The Effects of Labor Market Conditions on Working Time: The US – EU Experience [C]. CEMFI Working Paper 0705, 2007.

[225] Modigliani F. Cao S L. The Chinese Saving Puzzle and the Life cycle Hypothesis [J]. Journal of Economic Literature, 2004, 42 (1): 145 – 70.

[226] Munnell A H. The Effect of Social Security on Personal Savings [J]. National Tax Journal, 1974, 27 (4): 553 – 567.

[227] Murphy E C, Oesch D. Is employment polarisation inevitable? Occupational change in Ireland and Switzerland, 1970 – 2010 [J]. Work, Employment and Society, 2018, 32 (6): 1099 – 1117.

[228] Murphy R. Return Migration Entrepreneurs and Economic Diversification in Two Countries in South Jiangix, China [J]. Journal of International Development, 1999 (4): 661 – 72.

[229] Oesch D. Welfare regimes and change in the employment structure: Britain, Denmark and Germany since 1990 [J]. Journal of European Social Policy, 2015, 25 (1): 94 – 110.

[230] Park A F, Wang D. Migration and urban poverty and inequality in China [J]. China Economic Journal, 2010, 3 (1): 49 – 67.

[231] Perelli – Harris B. Ukraine: On the border between old and new [J]. Demographic Research, 2008 (29): 1145 – 1178.

[232] Philipov D. Fertility in times of discontinuous social change: the case of Central and Eastern Europe [C]. Rostock, Germany: Max Planck

Institute for Demographic Research MPIDR Working Paper, 2002.

[233] Piotrowski M, Tong Y Y. Education and fertility decline in China during transitional times: A cohort approach [J]. Social Science Research, 2016 (55): 94 – 110.

[234] Quah D T. Twin Peaks: Growth and Convergence in Models of Distribution Dynamics [J]. Economic Journal, 1996, 106 (437): 1045 – 1055.

[235] Oaxaca R. Male – Female Wage Differentials in Urban Labor Markets [J]. International Economic Review, 1973, (14).

[236] Reed A. Social identity as a useful perspective for self-concept-based consumer research [J]. Psychology & Marketing, 2002, 19 (3): 235 – 266.

[237] Roback J. Wages, Rents, and the Quality of Life [J]. Journal of Political Economy, 1982, 90 (6): 1257 – 1278.

[238] Robins J M, Ritov Y. Toward a Curse of Dimensionality Appropriate (CODA) Asymptotic Theory for Semi-parametric Models [J]. Statistics in Medicine, 1997, 16 (3): 285 – 319.

[239] Robins J M, Rotnitzky A, Zhao L P. Analysis of Semi-parametric Regression Models for Repeated Outcomes in the Presence of Missing data [J]. Journal of the American Statistical Association, 1995, 90 (429): 106 – 121.

[240] Robins J M, Rotnitzky A. Semiparametric Efficiency in Multivariate Regression Models with Missing Data [J]. Journal of the American Statistical Association, 1995, 90 (429): 122 – 129.

[241] Rosenbaum P R, Rubin D B. Constructing a Control Group Using Multivariate Matched Sampling Methods that Incorporate the Propensity Score [J]. American Statistician, 1985, 39 (1): 33 – 38.

[242] Sam D L, Berry J W. Acculturation When Individuals and Groups of Different Cultural Backgrounds Meet [J]. Perspectives on Psychological Science, 2010, 5 (4): 472.

[243] Schor J B. The overspent American : upscaling, downshifting, and the new consumer [J]. Journal of Consumer Policy, 2000 (23): 341 – 347.

[244] Song L, Wu J, Zhang Y. Urbanization of Migrant Workers and

Expansion of Domestic Demand [J]. Social Sciences in China, 2010, 31 (3): 194 –216.

[245] South S J, Crowder K, Chavez E. Geographic Mobility and Spatial Assimilation among U. S. Latino Immigrants [J]. International Migration Review, 2005, 39 (3): 577 –607.

[246] Stone R. The Analysis of Market Demand [J]. Journal of the Royal Statistical Society, 1945, 108 (3/4): 286 –391.

[247] Sun W, Wang X. Do Relative Income and Income Inequality Affect Consumption? Evidence from the Villages of Rural China [J]. The Journal of Development Studies, 2013, 49 (4): 533 –546.

[248] Tajfel H, Turner J. An integrative theory of intergroup conflict [J]. Social Psychology of Intergroup Relations, 1979 (33): 94 – 109.

[249] Tajfel H, Turner J. The social identity theory of intergroup behavior [J]. Psychology of Intergroup Relations, 1986, 13 (3): 7 –24.

[250] Turner J C, Ellemers N, Spears R, Doosje B. eds. Some current issues in research on social identity and self-categorization theories. Social identity (Oxford: Blackwell): 6 –34, 1999.

[251] Wang C, Wan G. Income polarization in China: Trends and changes [J]. China Economic Review, 2015 (36): 58 –72.

[252] Wolfson M C. Divergent Inequalities: Theory and Empirical Results [J]. Review of Income and Wealth, 1997, 43 (4): 21.

[253] Wolfson M C. When Inequalities Diverge. [J]. American Economic Review, 1994, 84 (2): 353 –358.

[254] Zhang X, Kanbur R. What Difference Do Polarisation Measures Make? An Application to China [J]. Journal of Development Studies, 2001, 37 (3): 85 –98.

[255] You H X, Poston D L. Are Floating Migrants in China "Childbearing Guerillas": An Analysis of Floating Migration and Fertility [J]. Asia and Pacific Migration Journal, 2004, 13 (4): 405 –422.

[256] Zhang J F, Zhao Z. Measuring the Income – Distance Tradeoff for Rural – Urban Migrants in China [J]. Mimeo, Clark University USA, 2011, 0

（0）：1 - 39.

［257］Zhao Z W，Zhang X M. China's Recent Fertility Decline：Evidence from Reconstructed Fertility Statistics ［J］. Population，2010 （3）：451 - 478.